JN177286

残念なナースが職場のリーダーに変わる「魔法の会話術」

NEW MEDICAL MANAGEMENT

葛田一雄 Kazuo Kuzuta

ぱる出版

まえがき
～言葉には人を行動に駆り立てる力がある

本書には、3つの視点があります。

1つめは、残念なナースのことです。何かをしないと心残りなナース、何もしないと未練なナースのことです。残念なナースをそのままにしていると効果的なチームをつくることは困難です。残念なナースは、何が課題なのかが分からないまま仕事をしているかも知れません。

2つめは残念なナースが職場のリーダーに変わることです。残念なナースは、職場のリーダーになることができます。

3つめは、「魔法の会話術」のことです。言葉には宿っている不思議な力、言霊があります。言葉は、動機づけることも行動に駆り立てることもできます。

看護師に求められている主たる能力は、ケアリング能力とチームづくりの能力です。ケアリング能力およびチームづくりの能力いずれも魔法の会話術によって高めることができます。

まずは、ケアリング能力です。

スワンソン（Swanson, 1991）は、ケアリングには5つの過程があることを教示しています。知る、寄り添う、役に立つ、助ける、誠意を尽くすことです。この5つの過程それぞれに有効な会話術があります。

また、モリソンとバーナード（Morison & Burnard, 1997）は、ケアリングの行動を分析し、7つの柱としました。個人的特性、仕事の仕方、人間関係、意欲の度合い、気遣い、費やす時間、態度です。この7つの柱にも有用な会話術があります。

次に、チームづくりの能力です。

チームづくりの基本的な方向は3つに集約できます。精神的充足感、働きがい、自発性・自律性です。

精神的充足感は、チームの成長の源はチームを構成しているメンバーの能力と意気込みです。メンバーの能力を開発するとともに精神的な充足感が得られる会話術が求められます。

働きがいは、メンバーの生活安定が確保され、働きがいを持って組織の活力を生み出すための会話術が必要です。

自発性・自律性には、メンバーが主体性を持って「自分のなすべきことは何か」を遂行するための会話術が必要です。

命令あるいは指示は人を行動に駆り立てるものですが、人は命令や指示のみで動くものでもありません。魔法や会話術によっても人をその気にさせることができるのではないでしょうか。魔法は、魔力をはたらかせて不思議なことを行う術のことです。不思議な力は誰にでもあるものです。会話術は、向かいあって話し合うための術です。

術とはなんでしょうか。不思議な業（わざ）や技（わざ）のことです。看護師は、看護師免許を手にしたときから医療専門職です。専門職は、専門職であり続けるために研鑽しなければなりません。さらなる学問を修め、技を磨き続けなければならないということです。

ところが、知識が増え、高度な技が身につくと多くの人は傲慢になります。傲慢にならないためには自省です。自分の態度や行為を反省することなしに専門職としての成長は困難です。看護師である前に、一人の人間です。

残念なナースが職場のリーダーに変わるきっかけは様々です。向き合うこと、寄り添うこと、後押しすること、この３つは看護師の得意技です。

残念なナースを職場のリーダーに変えるために、魔法の会話術を活用して、向き合い、寄り添い、後押ししてください。

葛田一雄

残念なナースが職場のリーダーに変わる「魔法の会話術」●もくじ

パート1 話し方のルール

パート2 会話のルール

パート3 人間関係のルール

パート4 上司のルール

パート5　叱り方のルール

パート6 チームづくりのルール

パート7 倫理のルール

【巻末・会話ヒント集】残念なナースの心に響く言葉の心理術。

パート 1

話し方のルール

事例

1

「こう来たらこう切り返す」相手の出方で変える話し合いのスキル

リーダー　**「定位置定収納ができていないじゃない」**

安部さん　**「定位置……、なんですか。それ？」**

リーダー　**「片づけられない女ってこと、家庭の教育が悪いのよ。片付けができないようじゃ看護師失格よ」**

安部さん　**「ひどい」**

リーダー　**「ひどくなんてない。あなたの部屋も、置いたまま、積んだまま、はちゃめちゃで、ぐちゃぐちゃ、汚いでしょうね」**

看護師の安部さんが、スタッフステーションでデスクに資料をいっぱいに広げて記録をとっています。仕事が終わったらしく、安部さんは立ち上がってスタッフステーションを出ていこうとしています。テーブルの上に広げた資料をそのままにしていくつもりです。

安部さんはいつも自分の使った資料を片づけないで出ていってしまうので、リーダーの横山さんはぶつぶつ言いながらも片づけていました。

しかし、今日は、安部さんに注意をしようと思いました。でも、面と向かうと、口をついて出るのは小言です。仕事の文句が私生活のとがめになってしまいました。このままでは、退職しなさいと言い出しかねません。

リーダーの横山さんは、やんわり諭す言い方、きつめの言い方、言うべきことを伝える言い方で話し合ってみようと考えました。

そこで、話し合いのスキル、DESC法が役に立ちます。

DESCとは、次の言葉の頭文字を採ったもので、それぞれに話し合いのスキルが含まれています。
・「D（describe）」……何を話し合いたいのか、解決したいのかを客観的具体的に明確に示すこと
・「E（express, explain, empathize）」……Dに関する自分の主観的な気持ちを、冷静に建設的に明確に述べること、あるいは、相手の気持ちに共感すること
・「S（specify）」……相手にとって欲しい行動、妥協案、解決策を提案すること。その際、具体的で現実的な、小さな行動変容を提案すること
・「C（choose）」……相手がOKの場合だけでなく、NOを返してきた場合、次に何を表現するかをあらかじめ考えておくこと

●やんわり諭す……話し合いのスキル『DESC法の活用法1』

リーダーの横山さんは言います。

D：「安部さん、もう記録は終わったのですか？」

E：「安部さんはいつもお忙しそうですね」

S：「安部さん、記録用紙はもう使わないのよね？　片づけたほうがいいわよ」

C：リーダーが言ったことに対して、安部さんが、「分かりました（YES）」と応じた場合には、「忙しいけどお願いね」と返します。

逆に、安部さんが、「明日、やります（NO）」と否定した場合には、「そう。それじゃ、今日は、私がやっておきます」と応じます。

活用法1の対応のことを『非主張的な対応』と言います。

●きつめのひと言……話し合いのスキル『DESC法の活用法2』

D：「安部さん、記録をそのままにされると困るわ」

E：「安部さんはどうしてそんなにだらしないの」

S：「安部さん、私たちチーム全体に関わることよ。他の人のことも考えてきちんとして下さい」

C：阿部さんの返事が「はい、分かりました（YES）」の場合は、「いつもそうだといいんですけどね」です。

安部さんの答えが否定的な場合には、「大事な記録がなくなっても知らないわよ」などと応じます。

活用法2の対応のことを『攻撃的な対応』と言います。

●言うべきことを伝える……話し合いのスキル『DESC法の活用法3』

D：「安部さん、記録や資料がテーブルの上にそのまま置いてあるわよね」
E：「安部さんも忙しいとは思うけれども、このまま置いて行かれると、チームの誰かが後片づけをしなくてはならないので困ってしまうのよ」
S：「安部さん、記録と資料を元のところに戻しておいてくれませんか」
C：安部さんの返事が「はい、分かりました（YES）」の場合の返事は、「ありがとうございます」です。

返事が否定的な場合（NO）には、「一箇所にまとめておいて下さい。後で時間のあるときに片づけて下さい」と返します。

活用法3の対応のことを「アサーティブによる対応」と言います。

事例は、活用法2を用いています。攻撃的な対応です。活用法2を全否定するつもりはありませんが、事例の対話からすると適合していません。活用法1か活用法3のいずれかを用いてみませんか。

特に、活用法3は、アサーション（assertion）な対応です。率直に、正直に、その場の状況に合った適切な方法で述べることをアサーティブと言います。

●仕事も人間関係も良くなる片づけのコツ

定位置定収納および先入れ先出しは、整理整頓の二本柱です。

看護業務の基本中の基本です。

定めた位置（場所）に、定量を、定めた方法で収納することを定位置定収納と言います。記録、計画書、用具、道具などは共有物です。一人ひとりが自分の好みで位置決めをして、自分だけが分かる方法で収納するのは私物だけです。探す時間はロスしますし、いざというときにすぐに取り出すことができませんから、安全の確保もままなりません。

先に入れたものは先に取り出すことを先入れ先出しと言います。無駄を作らないための知恵です。古いものと新しいものを混在させない方法です。

事例 2

相手を傷つけてばかりいるナースに欠落している表現とは

「あのナース、物分かりが良すぎるわ。なんでもかんでも、そうですね、分かりましたなのよね。物分かりが良いほうが好かれるとでも思っているのかしら」

リーダーは、自尊心を傷つけない対話と表現をマスターしておきたいものです。自尊心とは自分の尊厳を意識し、主張して、他人の干渉を受けないで品位を保とうとする心理あるいはプライドです。

冒頭の言葉はリーダーがスタッフの自尊心を傷つけているかも知れません。このリーダーは、スタッフに対して、自分の意見、考え、欲求、気持ちなどを率直に、正直に、その場の状況に合った適切な方法で述べているつもりになっているだけです。相手の気持ちを思いやる視点が欠けています。

そこで、上司にも部下にも必要になるのが、アサーションのスキルです。他者の自尊心を傷つけることなく、自己を主張し表現するスキルです。

自分も相手も大切にする自己表現は、聴く姿勢の大切さを自認することから始まります。主張よりも「表現」に力点を置いた述べ方です。相手の気持ち、考え、欲求にも関心を持ち耳を傾けます。相手を操作するためのテクニックではありません。

前項で述べた対話の仕方をさらにくわしく見ていきましょう。自己の意思を表現する方式は3つあります。非主張的（non-assertive）、攻撃的（aggressive）、主張（assertive）です。

●言いたいことを言わないでストレスを抱えてしまう表現の仕方

非主張的自己表現は、我を張らないで、相手を優先するI'm not OK. You are OK. です。自分の考え、気持ちおよび欲求などを率直に表現しない、表現し損なう、その結果は自分で自分を踏みにじることになります。

自分の気持ちを言わない、あいまいに言う、遠まわしに言う、小さな声で言う、こうしたことも非主張的表現です。

非主張的自己表現は、人間関係とストレスに深く関わっています。怒りが強い相手に対しては、腫れ物に触るように、言いなりになりがちですし、抑鬱感、無力感に圧倒されることもあります。

権威的、支配的な上司に対して自分の言いたいことを抑えがちですし、上司の困ったことを指摘できないまま悶々とします。頼まれたら断れないので、相手に振り回されてストレスを抱え込むことになります。

上司や同僚に対しては、調和を大切にしすぎるあまり、率直な意見が言えません。悩みや問題を抱えた時には、愚痴を言えないし、相談をすることもできません。一人で抱え込み、バーンアウトすることも珍しくありません。自己評価の低下と他者への高すぎる評価は、恨みを抱くもとになります。

非主張的自己表現をする要因はおおよそ3つあります。1つは、葛藤を避けたい、嫌われたくないと思っているからです。これは、物分かりが良いほうが好かれるという思い込みからです。2つは、**自分の気持ちや考え、欲求の大切さを感じていない**からです。自己犠牲や相手を大切にし過ぎるあまりのことです。3つは、依存心が強すぎるからです。自分が言わなくても相手に察して欲しいという過度の期待を抱くようになるからです。

●言いたいことを厳しく言い過ぎて最後は孤立してしまう表現の仕方

攻撃的自己表現とは、自分のことを優先し、相手を配慮しないで踏みにじったりすることです。I'm OK. You are not OK. です。

自分の意見、考え、気持ちははっきり言い、自分の権利を主張しますが、相手の意見や気持ちを無視したり、軽視したりします。相手を支配し、相手を自分の思う通りに動かそうとか、相手に勝とうとする態度や行動に出ます。

他者に対して、相手の立場で話を聴くことができない、説教がましいことも多くなります。

上司に対しては、上司の姿勢を正そう、言い負かそうとします。主張しないでいるとストレスが高じて、激しく怒り出すこともあります。

同僚や部下に対しては、仕事への熱意と責任感のあまり、厳しく批判しますし、相手に良いところがあっても誉められないでいます。

慢性的なイライラと怒りがありますから、飲酒量、喫煙量の増加、血圧の上昇がみられます。無力感と抑鬱感もあります。他者からの否定的な反応に対しては、他者からの不満、怒り、恨みを生真面目に受けとめて自分自身が次第に孤立していきます。

攻撃的自己表現の要因は、5つあります。

1つは、強さ崇拝です。人の上に立つこと、勝つことを重視するあまりです。

2つは、**根底に不安と恐れがある**からです。自分の弱さや欠点を知られるのが怖いとか、人に近づかれたくないと思うようになります。寂しさや悲しさを率直に表現できません。

3つは、剥奪感、喪失感に襲われているからです。大切なもの、大切なことを失った、奪われたと思いがちです。

4つは、自分が正しいという思いが強過ぎるからです。相手の間違いを正そうとして説得します。

5つは、相手に対する期待が大き過ぎるからです。責任感の強い上司。できて当たり前、やって当たり前という認識になります。

●言いたいことを言うが、相手の意見も尊重する人間関係が作れる表現の仕方

相互理解的とは、自分のことを大切にしますが、相手のことも大切にします。

I'm OK. You are OK です。自分の気持ちや考え、欲求などを正直に率直に述べますが、相手の気持ちや考えにも耳を傾け尊重しようとする言動があります。相互尊重、相互理解の精神を基盤にして思考し、行動しているからです。

アサーティブな自己表現による人間関係は双方向です。

相手の気持ち、考え、欲求にも関心を持ち、話をよく聴きます。listening のスキルがあるからです。話し合いによる歩み寄りができます。弱い自分、不完全な自分を認め受け入れることができます。自分自身の自己表現の傾向を知っています。相手や状況によって、自己表現の仕方を変えることができます。自分は誰に対して、どのような自己表現をする傾向があるかを理解しています。

●スキルアップのポイント

経験や年齢によっても、自己表現の傾向は変わるものですが、努力と練習なくしては自己表現を改善することは困難です。よりアサーティブになるためには、4つのことを研鑽する必要があります。自己信頼（自信）を深める、非合理的思い込み（Irrational Belief：アサーションを阻んでいるものの見方・考え方、信念）を修正する、話し合いのスキルを身につける、そして、感情を適切にコントロールすることです。

事例
3
なぜ独りよがりな話し方になりがちなのか

看護主任の工藤さんは、新人ナースの釜田さんと目標面談をしました。

「話し方は良くできているわ。これからは、聞く技術を更に身につけてね。患者様ともそうだけど、スタッフ同士も双方通行のコミュニケーションが大切よ」

看護主任の工藤さんは、新人ナースの釜田さんに目標課題を提示しました。独りよがりなところがあると感じていたこともありましたが、聞く技術を習得したら、さぞや、いいナースになるにちがいないと思ったからです。

「聞く、ですか」

看護主任の工藤さんは、新人ナースの釜田さんに語りかけました。

そうよ。聞く耳を持つことよ。私の体験からしても、良い聞き手は優れた話し手と言われているとおりなの。

話すことは比較的やさしいと思いがちなんだけどね、ついつい独りよがりな話し方になってしまうのよね。コミュニケーションは、聞くだけ、話すだけという一方的な対話ではないからね。話すと聞くという2つの機能があって対話が成り立つのね」

「話し方で気をつけることを教えて下さい」

「そうね。少し多いけれど、7つかな。書き出すわね」

「お願いします」

■伝わる話し方ができるナースになるためのポイント

①何を伝えるかを明確にする

伝えなければならない要点をもらさぬよう、これだけは伝えようというポイントを頭の中で整理する。

どう整理するか。理解しやすいようにポイントを2～3にまとめて、優先順位をつける。優先順位をつけるときには、重要であること、共感を得るものであること。

②順序立てて話す

結論を先に話し、結論に至るまでの経過を述べ、最後に自分の感想や意見を述べるようにする。これはビジネスの場における原則でもある。

③理解度を確認しながら話す

順序立てているような話し方でも、テンポが合わないと相手は理解してくれない。相手が理解できたかどうかを確認しながら話すことが大切である。

④重要な部分はくり返す

話の重要な箇所、伝えたい事項が伝わったかどうかを確認する。くり返すなどして強調する。**長い話の大概はほとんど伝わらないと思っていて間違いない。**対話はやり取りであるから要所で確認しながら展開すると互いの理解度を増すことができる。相手が理解しやすいように途中で要約を入れるのも方法である。

⑤情熱、熱意を持って話す

気の乗らない話は説得力に欠ける。適度な情熱を持って話すことによって、気持ちが乗り、相手に伝わりやすくなる。

⑥言葉以外の手段を活用する

話すと聞くは対話による言語を用いたコミュニケーションであるが、体言つまりジェスチャーも欠かせないし、ビジュアル・プレゼンテーションとして資料、グラフ等を用いることも、傾向を伝えるとか数値データを伝達するには効果的である。

⑦第３者からの中継は避ける

コミュニケーションの原則は一人が一人に伝えることである。第三者を挟んで情報を伝えると事実が歪んでくる。

「わあ、いっぱいあるんですね」
「そうね、でも一歩、一歩よ。それでね。聞くことが大事って言ったでしょう。大事ってわかるまで時間がかかるから、焦らなくてもいいわよ。聞き方のポイントも書き出しておくね」

■寄り添う・支援するナースの聞き方のポイント

①意味の全体を聞く

聞く姿勢として自分に関心があることに焦点が当たったり、気になる表現にこだわったりで、結局のところ話の枝葉末節にとらわれてしまう。

相手の話の全体から推し量ってその中で何を言っているのか、伝えたいことは何かを理解することが大切である。

②伝えたい気持ちを受け止める

相手が言っていることを言語として受け止めるだけでは良い聞き手とは言えない。話の内容をどのような気持ちで話しているのだろうかという観点からも受け止める。

「大変でしたね」
「そのような体験があったのですね」

など、相手の気持ちに寄り添うことが大切で、

「でも！」

「それは」では次には進まない。

③言い分を最後まで聞く

話を聞いていると途中で口を挟みたくなるし、時には反論したくなる。

日本語は語尾で肯定も否定もあるいは疑問形にもなるので、相手の言い分を聞いたうえで自分の視点や見解を述べる。

④リターンを用いる

相手の話をさえぎることとリターン（返信）することとは違う。相手の話が一段落した時点で、要約できたことを相手にリターンすると誤解や齟齬（そご）が少なくてすむ。相手が話したことを時々相手にリターンして、内容を確認しながら話を前に進めていく。

⑤体言を活用する

相手の話に頷いたり、目を見て聞いたりする動作は、話を聞いていますという証のサインである。

相手に話しやすさを提供する聞き手のマナーでもある。話し手の体の表現からも話の内容の意味を受け止めることができるから、相手の目の動きや手の動き、あるいは声の抑揚などにも関心を持って聞く。

⑥聞くことに集中する

話し手の話を正確に理解するためには、話し手に神経を集中する。相手の話を正確に聞くためにメモを取ることもあるが、メモに集中し過ぎて〝録音係〟でしかなかったとならないようにしたい。

事例

4 対話と議論に必要なもの、いらないもの

院内管理者研修会で講師の講義が始まりました。

聞く能力が低いと、聴く、訊く、効くそして利く能力を開発することが難しくなります。

聴くというのは身を入れて聞くことです。

傾聴する能力が高まってくると、訊くという能力を習得する段階です。

訊くとは尋ねることであり、尋ねるとは問いかけです。問いかけの間が悪い、問いかけの仕方が悪いなどとなると相手の自尊心を傷つけかねません。

語気を荒げて、さながら喧嘩を売っているようでは相手を不快にさせるだけです。尋ね方にも礼儀が必要です。

尋ね方が身につくと〝効く能力〟を開発する段階です。相手の話にどのように対応したらよいのか、相手の話を効果的に活用するためのポイントは何かなどを取捨選択することになります。

そして、〝利く能力〟。「聞く能力」の最終段階です。相手の話の内容を活用するために、どのような役割が必要になるのかを認知し、互いの役割を確認する段階です。

「さて、これからワークショップをしてみましょう。テーマは対話と議論のマインドです。1

つは打ち負かさない、2つは刺激し合う、3つは対話のポイント、4つは議論のポイントです。管理者の立場で討議して、管理者の視点からまとめて下さい」

診療部、看護部、診療技術部そして事務部それぞれの管理職による討議が始まりました。

討議の予定時間が終了する頃、講師が口を開きました。

「そろそろ、まとまったのではないかと思います。この後は、各チームから要点をプレゼンして下さい」

「Aチームの発表です」

【打ち負かす場ではない】

管理者の知見、体験、医療あるいは看護行為は部下よりも優れていて当然である。

往々にして対話よりも指示、議論よりも押し付けになりがちである。

打ち負かすために対話や議論が必要なのではない。

知見や体験談を話して聞かせることも時に必要である。

知見や体験談を単なる押し付けにしてはならない。

体験談などからきっかけや気づきを求めるために対話をし、議論するものでなければならない。

「Bチームの発表です」

管理者として、部下の考察力を促すための場づくりとして対話や議論を活かしてほしい。

対話や議論の過程で新たな発想が湧いてくるものである。

管理者よりも理論が勝っている部下がいても当然である。医師にもよくいるが、看護系の大学を卒業したての新人ナースや大学院の修士や博士課程を修了したナースにそうした傾向が強い。

【刺激し合う】

理論は実践に生かしてこそ価値がある。

特定の理論を知っていることに価値があるのではない。

部下が理論を知っているのが勝者であり、知らないのが敗者ということではない。

部下が理論を鼻高々に披露したからといって不快になってはいけない。

理論は、進化し、新たな学説として認知されるものである。部下が語る理論を知らないのは沽券にかかわるなどという意識は排除したい。

知らないことは学べばよい。

どこでも誰からでも学ぶ意欲と謙虚さなくして効果的な刺激にはなり得ない。

対話や議論は、相互の知的理解あるいは知的対立の場であり、育成や学習にあっては欠かすことのできない過程である。

「Cチームの発表です」

【対話のポイント】

緊張と緩和を意図的に設定する。

意図して気楽さを演出することも必要である。

臨地臨場のデータや情報を共有して対話を促進する。

状況によっては管理者と部下が相手の立場をおもんぱかって立場変容する。

部下の人生観や価値観を尊重することから対話が始まる。

部下の自尊心を傷つけないように配慮する。

部下の話す内容を否定的に受け止めないで、肯定的な姿勢で聞く。

管理者の独演会にしてはならない。

「最後は、Dチームの発表です」

【議論のポイント】

問題意識を持って議論するように仕向ける。

議論で示されたデータや情報を共有する。

拡散思考か、収束思考か、議論の方向を定めてから行う。

抽象的なものを取り上げるか、現実的なものを取り上げるか、予め決めておく。

結論を導き出すのか、過程を討議するのか確認をしてから始める。

部下の議論を受容し、管理者が評価をして、部下にフィードバックする。

管理者はいつも正しいことを言っているという印象を与えない。管理者の考えを押し付けない。

事例
5
患者様とのコミュニケーションルールは体験から身につけていく

「患者様ともっとコミュニケーションがとれたらいいなと思っているのですが…」

新人ナースのプリセプティ小川さんはプリセプターの大槻さんに相談しました。

「コミュニケーションか。患者との関係性は、共有化を図ることから始まるからコミュニケーションは大切ね」

プリセプターの大槻さんは、コミュニケーションという言葉を日頃よく使っています。では、改めてコミュニケーションとはどういうことですか、定義づけてくださいと問われてしまうと、すんなりとは答えにくいものね、と思いました。

コミュニケーションは、「伝達、意思疎通」と訳されますが、これに似た言葉でインフォメーションがあります。

こちらは「通知、情報」などとされています。

インターネットなど情報媒体によるインフォメーションが氾濫していますが、一方的に情報を「伝える」ことが主目的で、情報を受け取る人との触れ合いや意思疎通といったことまではあまり入っていません。

これに対して、コミュニケーションは「人と人とが互いに分かち合う」ことが成立要件とされていますから、互いに気持ちや情報を共有し合うことを前提条件としています。

コミュニケーションは、ラテン語の「公的に所有される（communico）」からきていて、ここから「共有化」という意味が生まれたとされています。

「患者とのコミュニケーションね、そうだわ。インフォームド、インフォームドコンセント、インフォームドチョイス&インフォームドアセントについて調べたらいいと思うよ」

教えるよりも、小川さんが自分で調べてもらいたいと思いました。

プリセプターの大槻さんは、小川さんに対して、きっかけや気づきを得てもらうことが自分の役目と思っています。

「調べてみました。インフォームドコンセントのことはある程度は分かっていましたが、インフォームドチョイスやインフォームドアセントは知りませんでした」

「調べてみて、理解できたからいいのよ」

「はい。セカンド・オピニオンは、インフォームドチョイスあってのことですね」

「そうね」

プリセプターの大槻さんは、プリセプティの小川さんが調べたメモに目を通しました。

インフォームドとは、知識のある、詳しい、よく知っているということです。知性、知能、理解力を意味するインテリジェンス（intelligence）とはやや異なります。

インフォームドコンセントは、正しい情報を得た、伝えられたうえでの合意です。「説明」「理解」および「合意」いずれもインフォームドコンセントには欠かすことができません。合意とは、双方の意見の一致です。

インフォームドコンセントには手順があります。


説明する→納得する→納得を確認する→合意を形成する→役割を認知する→役割通りに行動する→行動を評価する→評価結果を活かす、これが手順です。


インフォームドチョイスは、選択の重要性に着目したものであり、十分な説明をし、受容するかどうか選択を求めることです。

インフォームドアセントとは、子どもは人間としての尊厳を保つのに必要な権利を持っているから、親や保護者を対象とするインフォームドコンセントだけではなく、子どもを対象とした「インフォームドアセント」が必要であるという考えです。

アセント（assent）」とは、提案や意見などをよく考えたあとで快く同意し賛成するということです。

「肝心なことよね。こうしたことが患者様とのコミュニケーションのルールよ」

「はい。話し方のスキルを高めたいと思っています。どんなことを頭に入れておいたらいいでしょうか」

体験から学ぶことが一番よ。でも一応は伝えておくね。

「まずは、話し方のポイントです。3つあるかな。

話があちこちに飛ばないように、筋道を立て分かりやすく話をすることね。

相手に伝えたいこと、理解してもらいたいことなど話の意図を明確にする。

大事な点は、言葉を換えてもう一度話すことね。

相手が話を正しく受け入れているか、話しながら確かめることね。

こういうことは、頭に記録するだけではなく、体験し、体感することで身につくからね」

「次に、声の出し方のポイントです。2つかな。

どんなによい話をしても相手に聞こえないのでは意味がない。大きな声で話すことね。

大事な点は声を強めるなど、話す時には意識して声の抑揚、強弱をつけてね。

でも、声だけではないのよ」

「声だけではない？　どういうことですか」

「そう。声だけはないのよ。

表情や態度にもポイントがあるの。話の内容に合わせて言葉と一緒に、目や表情にアクセントをつけてね。そして、身振り手振りなど、動作や態度をまじえて話をするといいわ。ただし、オーバーなジェスチャーは相手に抵抗感を与えるので気をつけてよ」
「やってみます」
「こうしたことも看護実践よ」

事例

6

「この言葉の意味は本当に伝わっているか」を考えることがコミュニケーションをとるということ

コミュニケーションに影響を与える3つの要素があります。

言葉、声、身体言語です。話の受け手である聞き手は、こうした3つのことから話を理解したり、話し手の気持ちをつかみます。

「影響の度合いがあるのよ」

「コミュニケーション力を高めるポイントですね」

ＯＪＴリーダーの小池さんとＯＪＴフォロワーの中井さんの会話です。

「話し手の身体言語、ボディランゲージが影響力が最も強く58％。次に声、ボイスの影響が38％。そして、言葉による話の内容、ワードね。ワードはわずかに7％と言われているのよ」

「ピンとはきません。でも、身振りや手振りには表情があると思います」

「そうよね」

「私、祖母が歌舞伎が好きでしたから、よく、歌舞伎座に連れていかれました」

「あの方、歌舞伎が好きでしたからね。そう。お亡くなりになったのね」

「はい。指、手、腕、目、身体の向き、顔の向きなど形があることを教えてもらいました」

「素晴らしい体験をしたわね。そういうことなのよ」

●コミュニケーションに影響を及ぼす比率が小さい「言葉」が重要なワケ

「でもね。コミュニケーションに影響を及ぼす３つの要素のうち、ワードの比率が少ないからこそ、言葉が大切ということなのよ」

「話し言葉も書き言葉も難しいです。看護記録を書く時にいつも苦労してます」

「経験だから、大丈夫よ。言葉のことで、私が気をつけていることを話しておくね」

「よろしくお願いします」

「言葉の概念化ね。言葉は、話す、書くなど行為することによって情報の伝達手段となるわよね。言葉は、心、気持ち、思い、考えなどを表す手段の一つでしょう」

「はい」

「言葉は、伝達者間の取り決めによって伝達可能よね。私たちナースもナースだけで通じる用語があるわよね」

ＯＪＴフォロワーの中井さんが頷いたのを目で確認してから、ＯＪＴリーダーの小池さんは話を続けました。

「言語、手話、ボディランゲージなどのほかに音声符号や電気信号などがあるよね。言葉は、二人以上の人が定義することによって成立するから流行語、外来語、方言、暗号、若者言葉など時間や地域によって多数の言葉が存在するのよ。患者様が訴えてきた言葉の意味を受け止めることが難しいのだけれどね」

そう言うと、ＯＪＴリーダーの小池さんは間をとりました。

「言葉には対応する概念が少なくとも一つは存在するわ。人は言葉によって認識を共有することが容易となるのよ。

言葉にできない思考や概念は伝達することが困難よね。だからこそ、概念的な理解も必要なのよ。看護記録は数値など定量的に記述することが原則だけれども、定性的なこと、明確に識別することが困難なことも記載する意義があると思うわ」

そもそも、言葉は、物質、集合体、動き、行為をはじめとする全てのものを容易に認識し、識別することができるように特定のものと見なす行為を抽象化することによって生じたものです。人は、概念によって、類似性でまとめて考えたり、同じ動きと見なしたりします。

・集合体を表す言葉……宇宙、世界、社会、国家、政府、集落、世帯など。
・共通性で表す言葉……人、手、足、動物、植物、道具、自転車、友達など。
・動きを表す概念……歩く、走る、跳ねる、止まる、起きる、寝るなど。
・関係性を表す概念……貴方、私、上、下、右、左、東、西、南、北など。
・思考を表す概念……思う、考える、論じる、検討する、認識するなど。

「思い違い、勘違い、つもり違いはどんなことをしてもあるものよ。

自分が使っている言葉の意味は、相手が理解している意味と違うかも知れないという受け止め方をしてね」

「ありがとうございました。これからもよろしくお願いします」

事例
7 相手の顔を見ながら話すと本当に伝わっているかがよくわかる

実習指導者に対する研修会です。病院は、去年までの2校に加えて、今年から2校の看護大学の学生実習を引き受けることになりました。

「今さらとお思いになるでしょうが、実習学生と話をする時は、学生の顔を見ることが大事です。自分の話をどのように受け止めているかは、学生の表情を見ればつかめます。

こちらの言葉に同意していれば頷きますし、反対だったり嫌だなと思えば下を向いたり、顔の表情を曇らせ黙ってしまいます。

学生が話をする時には気をつけて見ていてほしいことがあります。自分の言うことに一生懸命に気をとられ、私たち教員の顔を見ていない場合がままあります」

看護大学の教授の豊田さんは、実習受け入れ先病院の実習指導者であるナースに語りかけました。

「話をするときは相手の顔やしぐさをよく見て、相手の気持ちを察していくことが大切ですからね」

副部長の青木さんが合いの手を入れました。

「教授からあらかじめ、3つほど依頼を受けています。先生、お願いします」

教授の豊田さん、それでは、と話しはじめました。

「質問は双方向のコミュニケーションで行っていただけませんか、これがひとつです。

もうひとつは、相手に自由に考えさせて話を引き出すオープン・クエスチョンとイエス・ノーで答えてもらうクローズド・クエスチョンの2つのクエスチョンを使い分けていただきたいということです。

さらに、3つは、相手との会話です」

学生と会話をするときには、こちらの考えや気持ちを態度に表します。

学生とは熱意を持って話をしていくことが必要です。

話の内容だけではなく、学生の目や表情、態度、動作に関心を持ちます。

教授の豊田さんは、「それぞれを実践することは難儀なことですが、よろしくお願いします」と言ってレクチュアを終了しました。


研修会の終了間際にプログラムどおり、看護部長の斎藤さんが研修室に入室してきました。

看護部長は、教授にアイコンタクトを送りました。教授は、微笑んで会釈をしました。2人は看護大学大学院の同窓です。看護部長は、研修を締めくくるレクチャーをしました。

「皆さん、お疲れ様でした。今回の実習受け入れを機に学生の顔を見てそして、、質問力を磨いていきましょう。

よい指導者は、昔から質問の仕方、たずね方が上手な人だと言われます。実習指導者にとって質問力は必須の能力要件と言えます。

質問は、相手の考えていることや相手の気持ちをつかむうえで欠かせません。それだけではなく情報を得るための有力な手段の1つです。質問の仕方しだいで新たな情報や隠されている情報が入手できたり、できなかったりすることがあります」

パート 2

会話のルール

事例
1 ナースのコミュニケーション力が高まる練習法

「あなたはコミュニケーション能力が足りないのよ」

主任にズバリと指摘された吹田さんでした。

吹田さんは思わず下を向きました。

「論理的コミュニケーション能力が低いわ。あなた、もっと伸びるのに惜しいな」

論理的コミュニケーション能力が低い、どういうことだろうか。

「自己の考えを論理的に明確に、相手に表現する能力よ」

主任は、吹田さんの気持ちが手に取るように分かるのかと思えるほどです。

「患者と向き合っているし、信頼関係を築いていくことができるし、いいわよ。コミュニケーション能力も学習してね」

吹田さんは、また、下を向いてしまいました。


吹田さんは、このところ悩み続けています。

患者に気を配っていると評価してくれているのは、意味を分かち合い、信頼関係を築いていく能力があるということよね。

吹田さんはリーダーの曽川さんに相談しました。曽川さんは、看護系大学に社会人入学枠で通学していて、人間科学を専攻しています。

「他者と分かち合うことがコミュニケーション能力とは、コミュニケーションをとる方法や手法に対する技術や知識のことだけど」

「私、論理的コミュニケーション能力が低いと指摘されました」

「誰から」

「えーと……」

曽川さんは、あの人ね、と言って頷きました。誰だかすぐに察したようです。

「そうか。それなら、トレーニングの方法を教えますね」


曽川さんが吹田さんに教示したトレーニング方法は次の5つです。

①相手に質問するトレーニング

質問にも法則があり、そのテクニックを練習するというものです。

②相手に反論しないで肯定で答えるトレーニング

自分の意図と反することを相手が言ったときでも、すぐには反論しないで、肯定してから反対意見を言う練習です。

③相手が何を言い出しても、肯定的に応答し会話を続けるトレーニング

自分が知らないことを聞かれた場合に、質問して、時間を会話でつなぐ練習です。

④相手と適度な頻度で目の合図（アイコンタクト）を送るトレーニング

アイコンタクトがないと相手は不安になります。しかし、アイコンタクトを長くし過ぎると相手は睨まれているように思いますから逆効果です。

⑤頷いてメモを取るなどのボディーランゲージのトレーニング

言葉で分かったと言うだけでなくて、頷きつつメモを取ることで相手は安心するものです。

「でもね。吹田さんは、感情を互いに理解し合い、意味を互いに理解し合う能力は高いと思うわ。それは看護師にとって、重要なコミュニケーション能力よ。

論理的コミュニケーション能力も、言語による意志疎通能力だから大切だけれどね。その能力があると、合意、コンセンサスね、合意形成能力を高めることになるし。でも、患者様とのコミュニケーションに必要な能力は、非言語的な要素を研ぎ澄ますことじゃないかしら」

「非言語的ですか?」

「そうよ。表情、眼の動き、沈黙、場の空気などに十分に配慮することで、患者様の気持ちを推察する能力よ」

非言語的な要素によって把握した患者の気持ちを尊重して、患者に不快感を与えないタイミングや表現で、自分の感情や意思を相手に伝える能力が欠かせないというのが曽川さんの話です。

「そうですか。心配することはないでしょうか」

「そうよ。会話のキャッチボールを楽しむことね」

でもね、とリーダーの曽田さんは続けました。

「吹田さんが、看護管理の仕事に就くとしたら、論理的コミュニケーション能力は必須です。論理的コミュニケーションは、物事を順序立て、筋道立てて説明できることです。そして、冷静に人の話を聞けること、議論やディベートの仕方に重点を置くことなどが求められます。

看護管理に必要なコミュニケーション能力には、**①折衝する能力、②交渉する能力、③説得する能力**の3つがあります。

この3つのスキルは、看護管理者だけに要求されているものではありません。吹田さんが、将来、看護管理者になるのか、あるいは、専門看護師や認定看護師になるにしても、専門分野に必要な能力を習得することとは別に、折衝する能力、交渉する能力、説得する能力は欠かせません」

「主任、分かりました。論理的コミュニケーション能力を高めます。ご指導下さい」

「頼むわよ。看護実践能力は高いのだから、論理的コミュニケーション能力を高めて、いずれは看護管理者になるといいわ。今から、文法的に正しい言葉を用いる能力、文脈を理解し、作り出す能力、状況に応じて適切な表現を行う能力、目的達成のための対処能力の4つを、自己課題にしたらいいわよ」

「分かりました」

吹田さんは、将来に対する漠とした思いに少し身が引き締まっていました。

事例

2 相手の言いたいことを洞察するクセをつける

師長に患者の家族、高松慶太様から面談の申し込みがありました。

「師長の高岡です。奥様、順調に回復なさっていますよ」

「妻がお世話になっています。ありがとうございます」

「いえいえ、患者様ですから」

師長は、なぜ、面談を申し入れてきたのか考えあぐねていました。

「今日は、どのようなご用件でしょうか……」

「はっきりと言います。看護師に対する教育ができていません」

師長は要領を得ません。

「と申しますと……?」

よくよく話を聞いてみると、入院中の配偶者に対する看護師の応対や態度に対する苦情でした。

「妻は手術後、傷口が熱を帯びるようになり、痛みも激しくなりました。痛みに耐えかねてナースコールをしました。5分ほどして訪室した看護師に痛みを訴えたのですが、『担当の先生が、手術後は痛くなると言ってましたよね。手術した後は痛みが出るものよ。こんなことでコールしないで下さい』と言って、妻の手術した部位をチラ見して部屋を出ていってしまったのです。ショックを受けた妻はとても悲しそうでした」

「それと、もうひとつあります。妻が看護師に清拭というのですか、身体を拭いてもらっていたときのことです。カーテンが半開きになっていて、お尻が丸出しになっているところを隣のベッドに見舞いに来ていた男性に見られたのではないかと思ったそうです。

カーテンを閉めて下さいとお願いしたところ、そうね、と言ってカーテンを閉じたということです。でも、妻は恥ずかしい思いをしたと私に訴えてきたのです」

師長の髙山さんは、高松慶太様の訴えを遮ることなく、時にメモを取りながら聞いていました。

「ご迷惑をおかけしました」

師長は、担当した看護師の名前を聞き出そうと思いましたが、調べれば分かることだからと思い止まりました。

「私もこの病院に入院したことがあります。信頼している病院です。でも、妻への応対をみていると、何かが足りないのではないかと思わざるを得ません」

「そうですね。患者様、ご家族様にご不快な思いをさせてしまい、本当に申し訳ないことでございます」

「妻の訴えは取るに足りない些細なことかも知れませんが、蔑ろにしたくなかったので、お伝えしました。後はよろしくお願いします」
「分かりました。いえいえ、些細なことではありません。重要なことだと思います」
「そうですね。私もそう思っています」
「お伝えいただき、ありがとうございます。後日、私からご連絡をいたします」

師長高岡さんは、看護記録を調べました。担当した看護師は2人でしたが、2人とも高松様が訴えてきたことについての記載はありません。

師長高岡さんは2人の看護師とそれぞれのリーダー2人をカンファレンスルームに集めました。

「高松さんのことですが、私は文句を言うつもりで集まってもらったのではありません」

そう切り出して、患者の家族、高松慶太様が訴えてきたことと、訴えてきたことは看護記録には記載されていなかったことを話した。

「私、書いていますよ」

不満そうに口をとがらしたのは看護師の山田さんです。

「ナースコールがあり、対応しただけでしょ」
「そう」
「カーテンのことですが、そんなことはなかったと思います」

看護師の青木さんです。

「そうなの。でもね……」

と、師長は語り出しました。

「患者様とのコミュニケーションは、単なる情報や知識のやりとりではないのよ。それでは患者様とのコミュニケーションはうまくいきません。

患者様とは、情報と同時に感情の分かち合いも行われており、それを意識している人とそうでない人とでは、結果に大きな違いが出ると思うわ。

相手が伝えようとしている意味を、自分はしっかり受け取っているのかと自分に問いかけ、自分が理解した内容を反復したり、あいづちを適切に打って、それに対する患者様の反応を見ることで、自分が相手を誤解してしまっている部分を自己修正し続けることが大切です。それによって信頼関係が深まっていくのではないかしら」

「看護師に求められている能力は、患者様の言いたいことを的確につかみとる能力であり、患者様の言葉が足らず、うまく表現し切れていないことまでも洞察し、『おっしゃりたいのは○○ということですね』と患者様にお話しするようにしたらどうでしょうか。

自分の言いたいことがしっかりと受け取られている、と感じることで、人は信頼感を持ち、次の段階へと前進してゆくことができるようになるものよ」

事例

3

礼儀がなっていないと苦情が来るナースに足りないものとは

「あのナースとは対話ができない」

スタッフステーションに入院患者の大矢さんが来ました。担当ナースを交替してほしいという申し入れです。

「対話がうまくできないということですか。少し、例をあげていただけますか」

「その礼だよ。なってないよ」

夜勤の担当リーダーの涌田さんが対応しています。なってない、そうか。礼のことか。

「礼儀のことですね」

大矢さんは、年寄りだと思っていいかげんにしやがって、と言って病室に戻って行きました。涌田さんには、帰っていく大矢さんの後姿に寂寞(せきばく)とした想いが募りました。

苦情を言ってきた大矢さんの受持ちナースを調べたところ、入職2年目の石井さんでした。

「石井さん、担当の患者様のことで気になっていることない?」

リーダーの涌田さんは、大矢さんのことよ、と直接的な言い方はしませんでした。

「強いて言いますと、６４０室の大矢さんですかね」

「どんなこと、ケアのことかな」

「うーん」

リーダーの涌田さんは礼儀とか言葉遣いとか、話すきっかけとなることを言うまで待とうと思いました。

石井さんは、ほんの少し、思案顔をしていましたが、ゆっくりと話し始めました。

「挨拶ができていないとか、この病院の教育はどうなっているんだ、学校で何を習ってきたんだ、黙って聞いていたら、家庭の教育がなってない、母親が悪いなどと言い続けていました。私、分かりました。すいませんといってベッドサイドを離れようとしたら、〝まだ話は終わってない〟って」

リーダーの涌田さんは、あなたの話を聞いて分かったわと言ってから話した。

「その大矢さんから申し入れがあったのよ」

「そうでしたか。どんなことでしたか」

「あなたに話したこととおなじね。礼儀が気にくわないということかな。大矢さんと対話するための工夫をしてみてごらんよ」

「しているのですが……」

「あなたは十分に分かっていることでしょうけど、おさらいのつもりで聞いてね」

「もちろんです」

「対話にはあいさつと返事が欠かせないわ。

対話は相手との会話で成立するけれど、前提になるものが、あいさつよね。

あいさつは､漢字で表すと挨拶だけれども『挨』は相手に近づく､『拶』は『引き出す』といった意味があるそうよ。対話の際にはこちらから相手に近づき明るく、先にあいさつの言葉をかけ、質問の言葉を工夫して相手から話を引き出すことかな。

相手が話をしている時は必ず相手を見て、あいづちや返事の言葉を返すことも大事よ。

反応がないと、相手は自分の話すことがどう伝わっているのかがつかめず、心理的に不安になり、話は途絶えがちになるものよ。

返事が生返事だと自分の話を真剣に聞いてないと相手は察するのね。不信感を抱くことも多いわ。返事は相手の顔を見て、明るく返していくことね」

「頭では分かっているのですが。実際にできていないんですね」

「そうかもしれないわね」

「良い機会ですから、涌田さん、対話の極意を教えて下さい」

「極意だなんて……。いいわ。2つのことかな」

話を終えた涌田さんは、それでは私があなたに話したことを、今度は、あなたが私に話してみて、と言ってフィードバックを求めました。

「はい」

●対話の極意・会話の極意

1つは、**相手が分かるように話す**ことです。

対話で心がけることは、相手が理解できるように分かりやすく話をすることです。たとえば、相手が新人や仕事の経験の浅い部下と話をする時に、専門用語や業界用語、聞きなれないカタカナ語を使うと、相手は聞く一方で対話とはなりません。そういう時は、相手が理解できるように分かりやすく説明して話をすることが必要です。

何も知らない人にも分かるようにやさしく話をするには、自分がそのことについて十分に理解していないと、相手に伝えることはできません。かみ砕いて話すにはそれだけの勉強と工夫が必要なのです。

2つは、**共感的、肯定的な心で会話する**ことです。

自分が話をする時、相手の話を聞く時いずれの場合にも、互いに話を共有化し共感が得られるように会話をしていくことが大切です。

そのためには自説だけを強調しても共感はなかなか得られません。相手がどのような考えや意見を持っているのかも素直に受け入れる心が大事です。

また、相手の言うことが自分の考えと違っていても頭から否定はしないで、肯定的な心で受け止めていくことです。

肯定的な心とは、相手の言うことを全部是認するのではなく、「そういう考えもある」と相手を認めていく心です。これがあって初めて、双方が共感的な土俵の上で話し合いがされていくのです。

「そうね。でも、これ、私流ですからね（笑）」

事例

4 「質問」を自由自在に操って知りたい情報を確実に素早く手に入れる

「何を聞きたいのか、さっぱり分からないわ」

看護主任の須田さんは、スタッフの木戸さんに対して直接的なもの言いをしました。

「そんな。須田さんは私よりもひどいと思いますよ。自分で分からないんですか。

私は、平だからまだいいですよ。でも須田さんは主任でしょう。ほかのスタッフにも聞いてみたらどうですか」

木戸さんの反撃に遭い、須田さんは、そこまで言う、と思いました。

「じゃあ、お互いさまね」

と返すのが精いっぱいでした。須田さんは、木戸さんとの会話が後を引いて、こころにもやもやとしたものが残ったままその日一日を過ごしました。

翌日のことです。看護主任の須田さんは、看護師長の加山さんに時間をとってもらいました。

「師長、私の質問の仕方、変ですか」

「なによ。突然」

「少し自信をなくしているんです」

「なんのこと」

「スタッフのことで、ちょっと…」

看護師長の加山さんは、須田さんがスタッフの木戸さんとやりあったことを他の主任から聞いていたこともあって、おおよそのことは承知していました。

「いいことよ。いがみ合いと思わないでね。葛藤は誰とでもあるものよ。葛藤があるから人は成長するのよ」

須田さんは、看護師長の加山さんの言葉に気が軽くなったようには思いました。

「私の気が楽になってもね、木戸さんにも気を楽にしてもらわないとね、どうするかな」


質問は、相手の考えていることや相手の気持ちをつかむうえで欠かせません。

それだけではなく情報を得るための有力な手段の1つです。

質問の仕方次第で新たな情報や隠されている情報が入手できたり、できなかったりするものです。

須田さんは、質問力を高めるための研鑽の仕方を、地域の看護大学の先生に聞いてみようと考えました。かねてから交流のある看護組織論を専門にしている教授の美山さんにアポイントを取りました。

「お久しぶりね。元気そうね」

「お世話になっています。それが、元気はつらつとまでは」

須田さんは経緯を美山教授に話しました。

「そう。でもね、いいきっかけよ。そのスタッフはできるナースなんだろうけど、今のままでは残念よね。もっと、成長できる可能性があるナースだと思うわ」

「そうですね。成長を私が邪魔しているようで」

「何言ってるの。あなたは大丈夫よ。質問力のことね。磨く方法ね」

「磨く方法を次に3つ挙げてみるね。

1つは、**質問は双方向のコミュニケーション**の中で行うといいわ。

質問しても相手から何の反応もないのでは、質問の効力はありません。

質問は一方通行、ワンウェイではよくないわ。双方向のコミュニケーションを図ることで真価が発揮されるわ。

ツーウェイのコミュニケーションの中で得られる質問の効果は、いくつかあるわ」

①こちらの話に、相手がどれだけ関心を持っているのかがつかめる

②相手の関心や興味がどこにあり、その度合いがどの程度かがわかる

③どう対応すればよいのか、糸口がつかめる

④種々の情報を知ることができる

「2つめは、**クエスチョンを使い分ける**ことね。

上手な質問の仕方は、オープン・クエスチョン、拡大質問ね、それとクローズド・クエスチョン、限定質問ね。2つを使い分けてね。

2つの質問には違いがあるのよ。オープン・クエスチョン、拡大質問は、相手に自由に考えさせ話を引き出していく質問の仕方です」

たとえば、

「患者様満足度について、あなたはどう思いますか?」

「ベッドサイドのケアについて私はこう考えますが、あなたの考えはどうですか?」

といった具合です。

オープン・クエスチョンは相手の考えや物事の概要を知りたい時、できるだけ多くの情報を得たいときなどに使うと効果的です。

クローズド・クエスチョン、限定質問は、相手の答えに、イエスまたはノーを要求する質問です。

オープン・クエスチョンは、たとえば、「休暇はとれますか」、「看護理論、オレムを知っていますか」という質問をすると、相手の答えは、大概、「はい」「いいえ」のどちらかで返ってきます。こちらが知りたい特定の状況をつかみたい時、理解の正確度を確かめたい時などに使うと有効です。

「初めはオープン・クエスチョンを投げかけて自由に発言してもらい、詰めはクローズド・クエスチョンで、問題を明確にしていくといいわね。

相手とのコミュニケーションを図るには、オープン・クエスチョンを多く取り入れていくことね。会話の初めに『はい』『いいえ』のクローズド・クエスチョンをすると、その後の話題を引き出すことができなくなりますよ。そこで次に挙げる5W1Hによる質問がポイントです」

「3つは、5W1Hで質問することね。特に、オープン・クエスチョンでは、5W1Hで質問し、話の的を絞り込んでいくといいわよ」

What（なにを、どんな） Where（どこで） When（いつ） Why（なぜ、どうして） Who（だれが、だれに） How（どのように、どうやって）。

事例
5 看護の〝質〟を高めるにはコーチングの「質問型コミュニケーション」が有効に！

「技術などを指導し、訓練することがコーチ。あなた、青戸さんは実習指導者よ。指導する人、コーチャーなのよ」

「ぼんやりとしていて、はっきりしなくて困っています」

この人、看護実習指導者に今年なったばかりだから漠然としているのね。まずは、この人を指導しないとね。

「何を指導するか、イメージすることかな。内容、価値のことを質と言うのだけれど、指導とは、質を高めることよ」

「質ですか」

「そう、看護実践のための質は4つあるのよ。関係の質、思考の質、行動の質そして結果の質。この4つはサイクルなのね」

「サイクルですか」

「PDCAもサイクルでしょう。結果の質を高めるためには行動の質を高めないとね。そのために、思考の質を高める必要があるわ。

でも、まずは、関係の質を高めることね。あなたと実習指導を受ける新人との関係に親和性がないとだめでしょう」

「そういうことか。分かりました」


その翌日ことです。

「大泉主任、昨日は理解したつもりでしたが、何だか、まだ、ぼんやりで。特に結果の質というのが……」

「経験すれば分かるわよ。看護業務について、習熟、慣熟、精通と言うように結果の質が良くなることよ」

大泉主任は、青戸さんに、コーチングについて話をしました。

■コーチングの４つのポイント

①相手が自分で考え、答えを探し、自ら行動し、結果を出すことを支援する「質問型のコミュニケーション」である。
②相手に対して「傾聴」「問いかけ」「フィードバック」「力づけ」等の関わりをすることで、相手の「思考の質」や「行動の質」を高めていく。
③継続的に人を支援する関わりである。
④人の可能性を信じ、その人を「できる存在」と捉える。

「そこでね、あなたは、新人の実習指導者として、どのような心構えでいるの」

青戸さんは、少し、思案顔をした後にやや高めの声で言いました。

「はい。3つの心構えを持ち続けたいと思っています。1つは、相手の学習力（考える力・振り返る力・行動する力）を高め、自律した人材を育てることです。2つは、相互の関係性を構築し、良好なもの、信頼関係を築くことです。3つは、相手のやる気を精神面、行動面からサポートすることです」

「いいじゃない。その調子よ。コーチングはね、関係性を向上させることかな。4つくらいのポイントがあるかな」

■人間関係を向上させるコーチングの特徴

①相手を尊重して声かけをすることによって、対話が起こる。
②継続的に関わることで、肯定的な関係の構築につながる。
③一緒に考える共感によって、対等な関係で共育する関係性を作る。
④相手の自己信頼感が高まり、相互が自律性を高めていく。

「ということは、精神的および行動面での支援が必要ということですね」

「そう、そのとおりよ。コーチングに必要なコミュニケーションのスキルは、5つね。

1つは、聞く・聴く・訊くスキル。

2つは、伝える、そうね、承認・力づけ・フィードバック・提案のスキルね。

3つは、観るスキル。

4つは、感じるスキル。

5つは、考えるスキルね」

大泉主任は、青戸さんが、思案顔をしたのを見逃さなかった。

「5つあるのだけれども……1つ目のスキルが身につくと、あとは流れでスキル・アップするわよ」

「聞く・聴く・訊くスキルですね」

「そう。聞く能力は、利く能力の基本よ。聞く能力が低いと、聴く、訊く、効くそして利く能力を開発することが難しいから。聴くというのは身を入れて聞くことね。傾聴する能力が高まってくると、訊くという能力を習得する段階になるわ」

「はい。頑張ります」

「そんなに肩肘張らなくてもいいのよ。そうね。あなた、聴けない落とし穴、知っているかな」

「いいえ。知りません」

「それでは、覚えておくといいわ。8つあるのよ。ボードに書くからメモしてね」

■聴けない落とし穴

①注意を払わない（聴くつもりがない）

②うわべだけで聴いている（聴くふりをして他のことを考えている）
③「聴く」のではなく「聞く」だけ（隠れたメッセージを聴かない）
④心の中で次に何を話そうか予習をしている
⑤話をさえぎったり、腰を折ったり、自分のことを話し始める
⑥非難されるのでは、という防衛的感情を持つ
⑦賛成できない点だけ聴く（反論するところを探している）
⑧自分に都合のいいように聴く

「メモしました。落とし穴にはまりそうです」

「大丈夫。あなたなら、大丈夫」

パート 3

人間関係のルール

事例 1

「どうせできない」と思いこんでいるナースをどう支援したらいいか

「資格を取りなさいと言ったら、『私には無理です、もっと勉強してからします』でしょ。もっと自信を持てばいいのに。基礎能力はしっかりしているし、残念だわ」

事例のスタッフはマイナスに偏った自己理解をしています。そのために、自信が持てないでいます。

自信を持つためには、3つのことが必要です。自己理解、自己受容そして自尊心です。自己理解は、自己表現の前提です。自分の気持ち、考え、欲求を把握することが自己理解です。しかし、自己理解にはマイナス、プラスそしてバランスの3つがあります。

マイナスに偏った自己理解は、否定的自己像があり、非主張的自己表現です。反動で誇大的になり、攻撃的自己表現になることもあります。

プラスに偏った自己理解は、尊大、傲慢、自信過剰です。攻撃的自己表現です。

バランスのとれた自己理解は、適度な自信と謙虚さゆえの表現です。

自信を持たせる手始めは自己受容です。**自己受容とは、今の自分の姿を否定せずに、ありのままに受け入れること**です。理想を持ちつつも、現実の自分を受け入れることです。

そのためには、他者からありのままの自分を受容される体験が必要です。他者をありのままに受容できるかどうかにも関わっています。

自己受容の次は、自重して自らの品位を保つように支援します。つまり、**自尊心を保持するようにさせること**です。

誰もが自分自身を大切にする気持ちはありますから、他者を大切にすることが大切です。これは**他者の自尊心を理解することにもつながり、それが自分の自尊心を保持することになる**からです。

事例のスタッフは、非合理的思い込み（irrational belief）をしていますから、自分にもできるという気づきを形成させることです。

そこで、ＡＢＣ理論です。体験や状況（Activating event）を結果、感情、反応（Consequence）に結びつけることです。そのためには、ものの見方や考え方（Belief）を修正させることです。非合理的思い込みを妨げるようなものの見方や考え方を変えさせることです。

非合理的思い込みの事例を6つほど挙げてみます。

①上司の言うことには従わなければならないと思い込んでいます。
↓自分の意見を言えなくなります。
②部下や同僚に対して、常に受容的、共感的でなければならないと思い込んでいます。
↓言いなりになってしまいます。それが相手を不安にします。そして、我慢が一転して攻撃に転じてしまいます。
③自分の意見が皆と異なっていたら、黙っていたほうが良いと思い込んでいます。
↓主体的に仕事に取り組めないでいます。その結果、マンネリ化します。そして、疑心暗鬼の人間関係が出来上がります。
④自立している人は、人に頼ったり相談したりしないと思い込んでいます。
↓自分自身を追い込んでいきます。その結果、同僚や部下を支えることができなくなります。
⑤仕事がきちんとできないということは、その人にやる気がないか努力が足りないせいだと思い込んでいます。
↓相手の言い分に耳を傾けずに一方的になっています。そして、全てを否定することになります。
⑥相手の間違いを正すためには、より強く説得する必要があると思い込んでいます。
↓お互いに納得のいくような結論には至らないことが大半です。

非合理的思い込みが強いと、「自分はうまくできない」とか「どうせまた失敗する」と負の状態になりかねません。スタッフが自己信頼感を高めるためには、一処置一手洗いの例ではありませんが、一処置一褒めです。一つの行為に対して「私、うまくできた」とか「いいんだ、これで」です。その結果、「きっとできる」と思えたなら行動を起こします。

逆に、「どうせできない」と思い込んでしまうと、なかなか行動には移れないものです。負の状態にならないようにするためには、スタッフの行動をよくよく観察することです。観察することなく褒めると逆効果になりがちです。

●自信のないナースを支援するポイント

リーダーとしてはともかくスタッフを信頼することです。部下を信じて頼ることです。部下の信頼に応えることです。そこで、スタッフを信頼するためにはリーダー、スタッフともども「自己効力感」を高めることが大切です。自己効力感とは、自己に対する信頼感や有能感のことを言います。自分が行為の主体であると確信することです。

リーダーとしては、**自分の行為について自分が統制しているという信念を持つ**ことです。

スタッフは、**自分がリーダーの要請にきちんと対応しているという確信を持つ**ことです。

自己効力感が低いと、行動を起こす気力も湧いてきません。自己効力感が高いと、活動的、ポジティブな気持ちで行動するものです。効力感が更に高まります。やる気のスパイラルを生み出すことになります。自己効力感は、カナダ人の心理学者アルバート・バンデューラによって提唱された理論です。

事例

2

「売り言葉に買い言葉」の険悪な上司と部下の感情を修復する方法とは

上司　「あの人のことを仕事はできると思っている人もいるでしょうが、自分から報告をしてきたためしがないわ。
報告を求めると、やりかけの書類を突き出して、ここまで進んでいますというのよ。大雑把すぎるわ。いくら言っても直さないので、職場換えをしようと思っているのよ」

部下　「あの人は、細かすぎる。私達の行動を全て把握しようと思っているんじゃない？　細かすぎるのよ。不必要な時とか忙しい時に限って報告を求めるのよ。自分の考えと少しでも違うと訂正させるんだよ。どっちみち直されるのだから、はじめはいい加減にしておいて、直させたほうがいいのよ」

事例は、上司も部下も言葉の悪さ加減の出し合いをしています。
「大雑把すぎる」あるいは「細かすぎる」、こうした言葉の悪さ加減を出し合い始めると「売り言葉に買い言葉」になり際限がなくなります。
その結果として、部下は上司の下でストレスを抱えたまま指示に従うか、従っている振りをするかになります。やがては、退職することになってしまうでしょう。退職ということになると、新たに採用するコストが発生します。教育にも手間暇や費用がかかります。

上司と部下それぞれの言い分を是々非々で判断しても不毛です。どこからこうなったとか、どちらが先にこうした状況を生むきっかけとなった行動をしたかなどを論じてみても水掛け論です。一度掛け違えたボタンは、どこでそうなったのかはなかなかわからないものです。

相性が悪い者達を修復する視点を考えてみましょう。

まずは、相性の悪さを招く元に本人が気づいていないことも多いのです。嫌な言葉に嫌な感情を持つと、人は更に相手に対して悪い感情を持ちます。それに対抗して自分の言葉の悪さ加減が出てしまいします。そうして際限のない悪循環に陥っていきます。

部下が従っている振りをしたとしたら背面服従です。

これが始まると、一見「コミュニケーション」が取れているように見えても、実際には全くと言うほど取れていません。部下は上司とコミュニケーションを取る気がありません。これでは仕事が上手く運ぶわけがありません。

「反対してばかり」の部下がいると職場は混乱します。「反対もしないけれど賛成もしない」などという態度の部下がいると、職場は「なあなあ、まあまあ」の状態に陥ります。

【関係修復の視点】 対話が人間関係を作る

上司から相性が悪いと感じている部下に声かけをして、二人だけで腹蔵なく対話することです。

相性の悪い人間と新しい人間関係を作る第一歩は歩み寄りです。上司の権限を使って打ち負かすのではなく、対話によって人間関係を修復することです。部下に対して権限を行使して言いなりにするのではなく、心の掛け橋を掛け合って動機づけします。

対話を通して、言った、言わないという感情の世界を見直し、自分のどういう時のどういう言動が、相手に不愉快な感情を起こすものを誘発しているのかを見つけることです。

どういう言動をとっているときに相手の悪さ加減が出るのかを見つけることです。

自分の対応がフランクの時は相手もフランクになるものです。悪感情を抱かせる恐れのある自分の言葉は何で、どういう状況でその言葉が誘発されやすいかを、自分自身で見つける努力をすることも上司の役割のうちです。そうしていくうちに、相手の悪さ加減を誘発しない言動ができるようになります。

相性は合性とも書きます。中国古代の俗信です。陰陽五行説の教えです。

男女を生年によって、木、火、土、金、水に分けて、縁が合うか合わないかを定めています。

通常は、共に何かをするときに、自分にとってやりやすいかどうかの相手方の性質です。

相性が悪いから付き合わないということもあるでしょうが、職場やチームではそうとばかりも言ってはいられません。相性にはあしらうことが欠かせません。もてなすとか応対することをあしらうと言います。

ところが、あしらうには、いい加減に扱うという意味があることも心して下さい。鼻先であしらうなどです。そこで、能楽の用語でいう「あしらい」です。「あしらい」は、相手役に体を向けて応対をすることです。

相性が悪いと思っているときは、まずは、向き合うことです。そして、「あいしらう」です。あしらうの古語が「あいしらう」です。

「あいしらう」には、３つの意味があります。１つは、相手をすることです。そのためには、挨拶をして、応対することが必要です。２つは、手加減することです。取り扱い注意などという時の手加減です。３つは、取り合わせることです。添えることを意味します。

事例

3 横柄な態度の師長に「気づかせて」「変える」ひと言

「みんな不満を持っているのに、誰も言えないでいるんだもん、私が看護部長に言うわ」
「師長らしいとも言えなくもないわ。尊大なのよね」
「おごりたかぶって、もう」
「私たちのことが分からないのよね」

尊大とはたかぶって偉そうにすることを言います。傲慢に構える上司のもとでは質の高い業務は望めません。

部下にとって上司は偉い人です。部下と上司とでは、「偉い」の受け止め方に相違があるものです。

上司の考える「偉い」とは、地位や身分が高い人です。部下の考える「偉い」は、優れていて、人に尊敬される人です。

優れていて、人から尊敬されている人は尊大ではありませんし、傲慢でもありません。尊大あるいは傲慢な態度をとる上司は「偉い」を取り違えている人です。

上司に求められる役割には前提があります。管理監督者である前に一人の人間として優れていることが求められるのです。人はとかく出世すると尊大になりがちですし、傲慢な態度を取りがちです。

人間として優れているか優れていないかの判定は容易なことではありませんが、人を見下す人物は優れてはいません。人を見下す言動が尊大あるいは傲慢となって表れるのです。

部下の人格を否定し、自尊心を傷つける人物も優れている人物ではありません。管理者には気品が必要です。気品とはどことなく感じられる上品さを言います。

横柄な態度の管理者には気品などありません。全人格的に優れていることが管理者の絶対的な条件です。

どんなに理論が勝っていても、いかほどの経験があろうとも、全人格的にみて欠落している人物は管理者ではありません。

全人とは知、情、意が調和した円満な人格者のことです。管理者の絶対的な条件は全人格的に優れていることですが、全ての看護職に全人教育は不可欠です。

知識や技術に偏することなく、人間性を全面的かつ調和的に発達させることを目的とした教育のことを全人教育と言います。

「大槻さん、あなたに伝えたいことがあるのよ」

看護部長の児玉さんは、師長の大槻さんに柔らかい調子で問いかけました。

看護部長は、師長本人には横柄な態度をしているという認識がないかも知れないと思ったのです。

本人に認識がない場合は、少し厄介なことになるとも考えていました。素振りや言葉遣いが横柄という場合です。「氏より育ち」というたとえがあるからです。子どもから大人になる間の環境や教育が人柄に影響していて、横柄という自覚がないというケースです。今さらのことになり、改めてほしいと言っても直らないことが多いからです。部下には、そういう人物なのよ、割り切りなさいと言うしかないからです。

割り切って向き合っていると、横柄に思えても、実はそうではないかも知れません。目つきや言葉ぶりなど、横柄に見えなくもない人物も実のところウォーム・ハートという例がかつてありました。その時は、やがて、部下から、「あの人、ほんとは、いい人よ」という評判が立ったことがあったからです。

看護部長は、部下と向き合う管理者の中には少なからず横柄な人物がいるものと思っています。横柄は、大柄とも書きます。おごり高ぶって無礼なことです。慇懃(いんぎん)無礼な人物もいます。うわべは丁寧なようで実は尊大というものです。

「実はね、あなたの言葉遣いや身振りからかな、悩みを持っている部下がいるのよ。あなたが、怖いとか近づきがたいということのようなのね」

看護部長は、師長に対して、横柄とか傲慢という言葉は使わないように話しました。

師長には自覚があったからでしょうか、神妙な聞きぶりです。

「上背があって、いかり型からでしょうか」

高く角張った肩が怒り肩です。撫で肩（なでかた）は、撫でおろしたようになだらかに下がった肩のことです。差し肩（さいかた）というのもあります。差し肩は、高く張って水平になった肩です。

「そうかもしれないわ。あなたは、怒り肩よりも差し肩かな。丈高く、差し肩の人物は威圧感があると思う人もいるでしょうに」

「差し肩ですか。そういうのですか」

「背格好をあれこれ言ってもね。でもね、いい機会だから、態度とか言葉遣いとか作法というのかな、少し、振り返ってみない。実るほど頭の下がる稲穂か……」

「分かりました。でも、自分では、どうしたらいいのかな」

「そうね。継続看護教育のプログラム委員をしたらどうかな。

これからはね、もっと看護師に全人性が求められるのではないかな。継続看護教育に全人的な教育が必要と思っているのね」

「全人的ですか」

「そう、人間性の陶冶や自尊心を傷つけない対応のことよ」

看護部長は、継続看護教育のプログラムを見直したいと考えていました。プログラム委員とは、継続看護教育のカリキュラムを開発し、コンテンツを考えることを担当する委員です。全人に対する気づきは、親和的な応対に通じるというのが、看護部長の見識です。

看護部長は、師長を継続看護教育のプログラム委員に任命しました。院内だけではなく看護協会の全人的な教育を検討する委員にも推薦しました。

「全人教育のプログラム委員として活躍してね」

看護部長は、師長に全人の視点が身について、言動にも変化が出てくるという期待を込めていました。

パート 4

上司のルール

事例1

相手に好印象を与えるインプレッションマネジメントのコツ

リーダー　「いつも、ぼけっとしていて、何を考えているのかわからないわ。覇気がないのよ。仕事を頼んでもこっくり頷くだけだし。仕事が終わったら、ぼそっとひとこと『終わりました』だけだしね」

ちょっと足りない残念な看護師と思いがちですが、本当に残念なのはリーダーです。リーダーに、インプレッションマネジメントの知見が乏しいからです。

インプレッションは印象です。インプレッションマネジメントとは、**自分をどう魅せるのか、相手の印象をコントロールすること、**印象対応能力のことです。

インプレッションマネジメントには、主として目から受ける印象と耳から受ける印象がありますが、それぞれプラスの印象とマイナスの印象があります。

目から受ける印象のうち、マイナスの印象は無表情あるいは緩慢な動作によって形成されます。

無表情だと冷たい、悲観的、用心深い、弁解的、未熟、回避的、無関心、鈍感と思いがちです。

緩慢な動作は、怠けている、だらしないと思いがちです。

目から受ける印象のうち、プラスの印象は、主として微笑みときびきびとした動作から形成されます。

微笑みは、親近感、自信あり、自然体、誠実と見られるでしょう？

きびきびした動作には、生き生きしている、気持ちがいいと感じるものです。


冒頭の例では、リーダーの目には、スタッフは、ぼけーっとしていて、覇気がないと映っています。マイナスの印象が出来上がっています。

「なんでそうなるの。やる気がないなんて。わたしはちゃんと仕事しているし、ひどい！」

スタッフからしたらリーダーの思いは無念なことです。

そこで、残念な印象から抜け出すためには、好印象を与える3つのポイントを実践することです。それは、「にこにこ、はきはき、きびきび」です。

●耳から受ける印象でマイナスに受け取られてしまう

マイナスの印象は無言の反応によって形成されがちです。無言の反応は、気味が悪い、無視している、面倒くさそうだと思われがちだからです。

プラスの印象は、柔らかい言葉による反応です。親切そう、（相手の言うことを）受け止めている、親しみがあると感じるものです。

冒頭の事例によると、リーダーの耳には、スタッフはこっくり頷くだけ、ぼそっと「終わりました」と返事するだけと聞こえています。

目の印象はマイナス、耳の印象もマイナスです。

「わたしはちゃんと頷いているでしょ。終わりましたって報告もしているわよ。リーダーこそ変よ」

とスタッフは思っていますが、スタッフが残念な印象のナースから脱出するためには、返事には頷くだけではダメで、

「はい。わかりました」

と、**声に出して応答すること**が大切です。

また、ぼそっと「終わりました」という言い方を工夫して、少しゆっくりと柔らかめの言い方に変えることです。

インプレッションマネジメントによるプラスの印象を作り出すためには、リーダーが挨拶時と対話時に助言を行う必要があります。

挨拶時と対話時は、微笑み、きびきびした動作、柔らかい挨拶語で対話を始めさせることです。

そして、特定の人にだけではなく、誰に対しても同じように行うように助言してください。誰に対しても、いつも、どこでもプラスの印象を作るのがインプレッションマネジメントです。

●リーダーに求められるコミュニケーションスキルのレベル

「ぼけーっ」としている状態は、緊張を解いて何も考えずにいる様です。

「覇気がない」のは、立ち向かおうとする意気がないことです。

この2つは、スタッフに対するリーダーの印象です。そのように思っているのはリーダーです。リーダーは、ぼけーっとしていることは良くないと考えていて、覇気がないことは悪いことだと思っているのです。

冒頭事例にある「こっくり頷くだけだし」という表現が意味するものは、リーダーはスタッフの頷きの動作を受け止めているものの、それだけでは物足りないと感じているということです。

頷きはOKですが、印象としてはよくありません。そして、「終わりました」だけでは物足りないのです。

リーダーに必要なのは、相手の言葉に表れない感情を理解することです。

コミュニケーションスキルには次のようにレベルがあります。

レベル1　相手の話を理解する段階
↓
レベル2　言葉に表れない感情を理解する段階
↓
レベル3　相手の考えていることを理解する段階

●コミュニケーションスキルを高める「聞く」コツ

コミュニケーションとは、「言語・非言語を通して知・情・意を伝達し合う相互作用」です。

コミュニケーションスキルとは、「コミュニケーションの目的と場面に応じて言語および非言語のメッセージを送り手と受け手の両方が適切に操作できる能力」です。

リーダーがコミュニケーションスキルを高めるためには、「聞く」ことにエネルギーを使うことです。


聞く時のポイントは、4つあります。

①評価的、批判的に聞かない
②共感的な態度を示す
③相手の話や表情から意味することを聞く
④フィードバックして確認する

そして、聞く時には工夫ありきです。リーダーの立場からすると確認する手間を省かないことです。

「どのようにして○○したのですか」
「そのことについて詳しく聞きたいのだけれど」
「つまりこういうわけね」

確認する手間をかけることがリーダーの務めなのです。

事例

2

「自分にもできた」という達成体験で得た自信がやる気につながる

「意欲というか、やる気がないというか。仕事も遅いし。早くしてよ、と言ってもダメ。マイペースなのよ。どうしたらいいのかな。悪い子ではないのだけれどね」

リーダーの伊部さんは、スタッフの宇野さんをどこかで認めているのですが、手をこまねいています。

意欲が乏しい人と意欲に溢れている人、それぞれどんなことを考えているのでしょうか。意欲が乏しい人は、私は劣っている、私は仕事ができない、どうせまた失敗するなどと思っています。意欲にあふれる人は、私は仕事できるし、何をやってもうまくいくと思っています。

確かに、意欲は業務を実践する源泉です。仕事ができるか、できないかは自己評価で決まるものではありませんが、仕事に対する周囲の評価がどうあれ、自分は仕事ができると思い込んでいるか仕事ができないと信じ込んでいる人はいるものです。

宇野さんに意欲が乏しいのは、内発的動機づけが低いからではないのか、これがリーダーの伊部さんの出した結論でした。そこで、伊部さんは宇野さんと面談をしました。

「伊部さん、私、ナースは向いていないみたいです。なんか不安で。なんとかしようと思っているのですけど……」

「宇野さんの悩みは分かるわ。でも、大丈夫よ。私にもあなたみたいに将来に不安を感じた時期もあったのよ」

内発的動機づけとは好奇心や関心によってもたらされる動機づけです。義務や強制などによってもたらされるものではありません。内発的動機づけが高いと効率的な学習を行うこと、しかも継続的に行うことができます。

リーダーは師長に相談をしました。その結果、委員会の委員を担当させてみてはどうかということになりました。内発的動機づけを育てるためには挑戦的、選択的な状況を想定して問題解決をさせることが良いという考えからです。

内発的動機には感性動機、好機動機、操作動機、認知動機などがあります。リーダーと師長の考えは好機動機を刺激しようというものです。

宇野さんをヒヤリ・ハット委員会の委員に就けることになりました。いくつかある委員会のうち、ヒヤリ・ハット委員会の委員長が育成に熱心という評判があったからです。

内発的動機づけに対するものが外発的動機づけです。**外発的動機づけとは義務、賞罰、強制**

などによってもたらされる動機づけです。内発的な動機づけに基づいた行動は行動そのものが目的ですが、外発的動機づけに基づいた行動は何らかの目的を達成するためのものです。

例えば、昇格を目指して仕事を頑張る場合などです。強制された外発的動機づけは、自発性が低い典型的な外発的動機づけですが、自己の価値観や人生目標と一致している場合は自律性が高まる外発的動機づけです。外発的動機づけは内発的動機づけと連関できます。

師長は、宇野さんに「**根拠のない自信**」を感じてもらおうと思ったのです。成功者に共通するサムシングは、「根拠のない自信」を持っていることと知っていたからです。

師長は、宇野さんに、「私ならできる」「私は選ばれた」と心の底から思ってほしいと思っています。宇野さんは、「根拠のない不安」を持っていると判断したからです。

師長の言う自信も不安もどちらも根拠がないのは同じことです。しかし、自信を持って臨むことによって、「やる気」だけでなく「気迫」や「勢い」が違ってくるのではないでしょうか。

根拠のない自信だけで研鑽や努力をしないと理論倒れです。でも、「私はきっとできる」と自分を自分で肯定して、努力を積み重ねていくことによって変わることができると常々、師長は思っていましたし、これまでにも何人かに自信を持たせることに成功していました。

師長から相談を受けたヒヤリ・ハット委員会の委員長はおもいあぐねつつ、プラスの影響を提供することができるかも知れないと考えました。そして、達成体験、代理経験および言語的説得をヒントにすることにしました。

達成体験とは、自分自身で達成したという体験です。人は、「できていない」「足りていない」ことに目を向けがちですが、**「できている」「やれている」ことに目を向けさせよう**という考えです。宇野さんは慎重に物事を進めることができると思ったからです。

代理経験は、自分以外の他者が達成している様子を観察することによって、「自分にもできそうだ」と感じることです。宇野さんに、ほかの委員の考えに触れ、行動を見ることによって、**「あの人にできるなら自分にもできるかもしれない」**と思ってほしいというわけです。

言語的説得は、自分に能力があることや達成の可能性があることを言語で繰り返し説得することです。自分で自分に言い聞かせるのも有効ですが、委員長として、ことあるごとに声かけをすることにしました。

ヒヤリ・ハット委員会の委員長は、早速、宇野さんと面談しました。

「宇野さん、師長から推薦がありました。よろしくお願いします。宇野さん、あなたの人生の主人公は自分だと感じさせてくれることがあるといいですね」

事例
3
部下の報告が「ころころ変わる時」「前と違うと思った時」が育成のチャンス

部長　「言うことがころころと変わるというのでしょ」
主任　「それもそうですが、『なぜ、どうしてですか』というああした言い方にも困りものです」
師長と主任がスタッフの喜多さんの仕事ぶりを話し合っています。
師長　「そうね。相手によって言うことが違うのって、良くないわね。『なぜ、なぜ』というのも確かにね、でも、分からないことを聞くのはいいことよ」

部下の報告内容や言うことが違っていると上司は適切な判断ができません。しかし、ころころ変わるには変わるなりの理由があるのではないでしょうか。

それは、自分の考えがないとか、あるいは誰かをおもんぱかったための表現であるのか、いろいろではないでしょうか。


師長は思いを巡らせていました。

「ころころ、か。言うことがめまぐるしく変わるころころは職場ではいただけないわ。

その場限りの表現をするのも困りものだわ。よくよく考え思いをめぐらせた末のもの言いにしても、相手によってころころ変わるようでは誰かをおもんぱかったことにはならないからね」

言動が経験によって持続的な変容をすることがあり、そうした変容を学習と言います。ころころと表現が変わるのは「学習」の取り違えです。相手によって言い振りを変えるなどということはあり得ることですし、上司に言う内容も場面によって異なることはあり得ます。つまりは、程度の問題です。

管理者には管理のための哲学が求められます。経験などから築き上げた管理観とも言うべき管理全体を貫く基本的な考え方が管理のための哲学です。ころころ変わらないのが管理の哲学ですが、部下に管理の哲学を押しつけるのは考えものです。

師長は、主任と話し合うことにしました。

「看護師は学び続けなければならないでしょ。看護師によって構成されている看護組織は学び続けなければならない。学びのない組織の行く末は怠惰と停滞しかないと思うの」

師長は、ラーニング・オーガニゼーションという言葉を使って、主任を動機づけようとしました。

師長は、かねがね、組織の学習能力を高めるために学びの組織化が必要であると考えていたからかも知れません。

ラーニング・オーガニゼーションには5つの領域があります。

・パーソナルマスタリー
・共有ビジョンの構築
・チーム学習
・メンタルモデルの克服
・システム思考

パーソナルマスタリーは自己研鑽を図ろうとする個人の向上心とプロセスです。

共有ビジョンの構築は組織内のあらゆる人間が有する業務、組織の将来像、上司やリーダーが部下やメンバーと継続的に対話を重ねて共有していくことが欠かせないというものです。

チーム学習は、目標や目的を達成していくために、意見交換とディスカッションを重ねながら一致協力してチームの能力を向上させていくプロセスです。

例えば、メンタルモデルの克服には組織のメンバー間で共有している固定的、硬直的なものの見方を是正していくことが必要です。

システム思考は、様々な問題が時間、空間を隔てながら相互に関連しあって密接に結びついているという前提に立った思考プロセスです。

部下を意のままにすることが管理の妙などと思っているとしたら、管理者として過信と言わざるを得ません。

部下は上司にころころ変わったことを具申するものです。上司が変容できるかどうかは、管理には哲学が必要であると自覚できるかどうかにかかっています。

管理の哲学を習得するまでには、2、3年の時間を要しますが、表現がころころと変わらないためには3月もあれば十分です。

「職場ぐるみで学習してみたらどうかしら」

「でも、あの人たち、やってくれるかな、あまり、自信がありません」

「大丈夫よ。あなたはもっと自信を持っていいのよ」

「そうでしょうか。なんでしょ、若い人とはジェネレーションギャップがあるんです」

「何、言ってるのよ。あなたも私からしたら十分に若いわ」

師長は、微笑み返しをしてから言いました。

「ころころと変わるときが育成の機会到来よ。前と違うと思ったときに指摘しないとだめよ。その時よ、育成は」

「その時ですか」

「そうよ。後から指摘されてもピンとはこないものよ」

師長は、育成は愛智ですよ、と主任に言った。部下の成長のために自分が何をすればいいのか、愛と智は管理者の変えてはいけない心づくしという考えを持っていたからです。

「あなた、この前と違うわ。違いがあるのは、状況が違っているのではないかなあ」

看護師の喜多さんは、少し、意外な感じがしました。こんなに、面と向かって指摘されたことはなかったからでした。

「それでね、一緒に考えましょうよ。私にも何か、ヒントになることが見つかるかもしれないしね。少しは後押しができるかもしれないし」

事例 4

スタッフから見透かされたリーダー

「今日は酷いわね。夫婦喧嘩かな、亭主の浮気かもね」

「それって、リーダーじゃない」


気分にムラがあり、機嫌が悪い時はやたらに攻撃的に物事を言うリーダーの高田さんに対する部下2人の会話です。


「言い方ひとつで気分や機嫌が分かるわ」

「攻撃というより抗撃よ。抵抗の抗に、撃つ書いてね。抵抗して攻め立てることよ」

「自己防衛ね。でも、よくそんな言葉を知ってるね」

「まあね」


リーダーの高田さんには、こころの底に溜まった憑き物があるのかも知れません。憑き物を除去することができるのでしょうか。気分のムラ、機嫌の悪さ、こうした現象はストレスがコントロールされていないからではないでしょうか。

ストレス状態が長く続くと職場でも悶着を起こしかねませんし、業務の質にも影響を及ぼしかねません。

上司のイライラが職場に伝染し、職場全体としてミスが増え、あるいは仕事の効率が落ちることにもなります。患者に迷惑をかけてしまう恐れもあります。気分次第で部下に当たるようになると信頼関係にもひびが入りますし、やがて、上司は孤立していきます。

「世間では、看護師は医療職だからストレスも自己管理できると思ってるでしょ」

「確かにね。でもさ、看護師にも多いよね、ストレス不全者は」

適応能力の限界を超えるストレスが加わり、持続すると面倒です。身体は適応能力を失い、

自律神経がバランスを崩して、体調の変化となって現れます。

「神経科の先生に診てもらったらいいのに」

「そうよね」

2人は、リーダーの高田さんとの向き合い方を話し合いました。

「火に油を注がせてはどうかしら」

「勢いや激しさをさらに一層強くするだけじゃない」

「でもさ、私たちが面と向かって反論すると、火に油を注ぐことになるとは思うけどさ、激し

ていく過程で、リーダーは我に反るんじゃない？」

「どうかな」

ストレス状態の症状は自己診断できます。目が疲れる。肩がこる。背中や腰が痛い。朝起きられない。

こうした症状はストレスの初期に現れます。些細なことで腹が立ち、イライラする、仕事をする気が起こらない。そうなったら、やや慢性期に入った証です。

「ストレスが慢性になったら、管理者としては駄目よね」

「そうよね。管理者には落ち着きが必要だよね」

落ち着いていると物事に動じません。管理者には絶えず判断が必要になります。沈着な判断なくして適切な管理はできません。

上司のこころの底に溜まった憑き物に気づかせる役目を担うのは部下にもできます。

ストレスが制御できないとしたら、ストレスの要因となっている元を断つことです。

ストレスは、「寒冷、外傷、疾病、精神的緊張などが原因となって、体内に生じた非特異的な防御反応」である（ハンス・セリエ）。

反応を起こす刺激を「ストレッサー」、刺激に対して歪んだ状態が「ストレス」です。怪我がストレッサーの場合は、怪我が治るとストレスはなくなります。

しかし、対人関係あるいは仕事がストレッサーの場合が心因性ストレスです。ストレッサーは外部的刺激（寒冷や外傷）と内部的刺激（精神的緊張）に大きく分けられます。気分のムラがストレスによる場合には、自覚症状を感じていないかも知れません。その場合、過度なストレスに苛まれていることを認めさせることは容易なことでありません。

「リーダーは、私たち2人を攻撃するでしょ。まったく攻撃されないスタッフもいるよね」

「なぜ、攻撃される人と攻撃されない人がいるのかなあ」

「スタッフ同士で話し合いをしてみない？　そうして、スタッフから見たリーダー像を描いてみましょうよ」

「いいわね。それから、リーダーに申し入れをするのね」

こころの底に溜まった憑き物があることを認めないと解決はできません。道筋としては、憑き物があることをリーダーに認めてもらおうということになりました。過度の心因性ストレスであるとしたら、看護部長の指導のもとに専門医と連携する必要があります。

気分がムラになるには、なるなりの要因がありますし、機嫌が悪くなる要因があります。そうした要因を発生させないことが再発防止策です。

事例 5 看護管理者のタブーは「激情」と「烈火」

「逆らえないわよ」

上司は命令するのが仕事、部下は、命令を受けること、受命が仕事です。

上司には命令する権利である指揮命令権があります。部下が命令に従わない場合は業務命令違反になって、懲戒事由に該当することになります。

この当たり前のことが、当たり前でなくなることもあります。

「でも、それって、家でやってきなさいということでしょ」

上司の命令が正当ではない場合があります。サービス残業を強要するなどは正当な権利の行使ではありません。法に抵触する事柄の実施を命令する場合などは違法な命令です。

「師長だからといって、あれこれ命令されてもこまる」

正当な権利ではないこと、あるいは違法なことを命令することを権限外命令と言います。権限外命令は受命する義務はないのですが、部下の立場とすると逆らえないものです。

「厳しく教育すべき、というのは時代が違うんじゃない」

「厳しく正しく、規則を守っていい加減にしない、方針でしょ」

教育方針は、厳しく育てるというものです。

今の世の中、厳しい指導に接したことがない若者が増えています。

そうした上司は、部下の中には高圧的な上司と映るかもしれないのですが、厳格な上司をたちどころにパワハラ上司というのは酷かも知れません。


上司として避けたいのは激情と烈火です。

激情とは、激しく怒り立つ感情です。時には、抑え難い感情にとらわれることもあるでしょうが、成人教育であっても激情は不向きです。烈火は連火（れんが）の意です。憤りの極のようなものです。

繁劇（はんげき）という言葉があります。非常に忙しいことです。繁劇の状態にあると厳格な教育の厳しさとは似て非なる状況になりがちです。セルフコントロールができなくなって、激情型か烈火型の威圧的な教育になりがちです。

激しい、烈しい、劇しいは看護管理者のタブーです。いや、敵です。


「乱暴な言葉や暴言も愛情よ、って何よ」

「そうよ、そうよ。私たちのことを悪いように言うし」

「でまかせもあるわよ」


暴言は時として、謗言（ぼうげん）や妄言（ぼうげん）になってしまうことがあります。

誹る（そしる）言葉が誹言です。誹るとは、悪いように言うことです。でまかせの言葉が妄言です。

乱暴や暴言は愛情の履き違えです。愛情とは深く愛するあたたかな心のことです。乱暴や暴言は愛情のうちではありません。患者に対するだけではなく、部下に対しても乱暴や暴言は管理者としての禁じ手です。

「あの人、能率が悪いからでしょう。でも、可哀想よね」

看護主任に集中的に攻撃されるスタッフがいます。

「あの人、内部通報するとか、訴えるんじゃないの」

「そうよね。そうかもね」

人は攻撃されると抗撃に出るものです。

攻撃とは他人の行動や意見などを論難することです。論難は論じてなじることです。

能率が悪いからといって、論じてなじられる謂れはありません。丁寧な仕事ぶりゆえかも知れませんし、慎重にしなければならない業務なのかも知れません。

集中的になじられたら抗撃する人もいますし、落ち込む人もいます。

抗撃は防ぎ戦い、抵抗することです。落ち込んでしまうと精神的な痛手を負うことになります。

抵抗は面と向ってできにくいものですから、耐えるだけの自制型の抵抗となりがちです。内部通報や外部の機関に通報する者がいてもおかしくはありません。

「イジメや嫌がらせを楽しんでいるみたい」

「いや、あの主任、少し、自虐的でしょ」

イジメや嫌がらせを楽しんでいるように見えても、実際は自虐的になっている人物は存外多いのです。

自分で自分を責めさいなむことが自虐です。職場のイジメは相手を肉体的または精神的に痛めつけることです。

イジメをする管理者は、精神に発達が未熟な「苛めっ子」管理者です。虐めもイジメと読みます。むごく取り扱うことが虐待です。

「患者様に虐待したら大変、大変」

嫌がらせとは相手の嫌がることを、わざわざ言ったりしたりすることです。管理者には部下をやる気にさせる役割があるからといってイジメでは取り違えです。イジメや嫌がらせをするようでは管理者としての資質も資格もない人物です。

「お勤め処ですって。再訓練か。おお、こわ」

ミスを犯したスタッフには再教育システムをするというルールです。お勤めとは、かつては刑場や留置場でした。江戸時代のことです。

人間はミスもエラーもします。ミスやエラーに対して看護管理者がとるべき方法は3つあります。

・ミスやエラーを**させないためにどうするのか**。
・ミスやエラーがあっても**ダメージにならないようなバックアップ体制を構築する**こと。
・ミスやエラーを犯した人物を**教育して再発を防止する**こと。

再発防止のための教育に関する課題があります。再教育システムの中身、受講のさせ方、職場の同僚に対する周知です。戒めのためにこらしめて見せるなどというのはパワハラ以外のなにものでもありません。

事例

6 残念な看護管理者ほど反対意見を認めようとしない

「配置転換が決まったわ」

「えっ。私ですか」

「そう、あなたよ」

「どうしてですか」

「能力不足」

専門外の仕事を押し付けられ、能力不足と認定するなどということがあったら働きがいが損なわれるばかりか、退職勧奨そのものです。

専門外の仕事に就ける意義はキャリアステージの形成です。本人のコミットメントなくしてキャリアステージにはなり得ません。押し付けること自体がパワハラと言ってよいでしょうし、能力不足と認定することも合理性がありません。

専門外のことですから能力を発揮できるわけがありません。能力不足と認定して、処遇を悪くすることが目に見えています。

配置替えには本人の同意が必要までではないにしても、理由を丁寧に説明すべきです。

「内部告発をしたら、異動させられて雑用業務を強いられた。やってられないわ」

これはもはや、不当な取り扱いです。**職員の内部告発は、法が認める職員の正当な権利**です。

内部告発をしたことを許しがたい行為と判断するとしたら、法の不知であるばかりではありません。看護師にとっても、管理者にとっても、決して失ってはいけないものを無くしてしまっています。それは、謙虚さです。

内部告発の対象となった事項を改善することが管理者としての責務です。

内なる者のうちから告発者が出てしまった、大変なこと、裏切りよ。

「身内の恥を天下に晒すのよ。そんな人物は仲間ではないわ」

こんな発想がまかりとおったら、スタッフのやる気を削ぎますし、働き方改革どころかパワハラ職場の改革もできるものではありません。

「あなたさ、辞めれば済むと思っているんじゃない。それならそれで、辞めたら」

スタッフの野口さんは、師長に貶されたあとで、揶揄され、退職勧告を受けました。

口でけなして心で褒める、そんなことができる管理者は少ないものです。貶す（けなす）、腐す（くさす）、謗る（そしる）、いずれも悪く言うことです。いずれもパワハラと言われかねません。「辞めれば済む……」の言い方はパワハラそのものです。辞めたいという意思表示がない段階では、退職を強要する発言とみなされるからです。暗に解雇にしたいという意味にもとられかねません。

「カンファレンスで、反対意見を言ったら暴言を浴びせられたわ」
「暴言、どんなこと言われたの」
「遊びすぎだとか、勉強していないとか、バカならバカなりに考えてよ、かな」
「信じられない」
「ベッドコントロールのことだったのよ。患者様に不便じゃないかなと思ったから、言ったんだけど」

口答えを認めない管理者がいないわけではありません。

口答えをされることが沽券に関わるという認識があるようでは、管理者として程度が低い人物です。挙句に暴言ではパワハラです。沽券とは品位や体面のことです。管理者には品位が必要です。品位とは自然に備わっている人格的価値のことです。

物事には表裏があるから反対意見があって当然です。反対意見を述べる機会を提示する度量があってこそ品位のある管理者です。反対する者が意見を言えるような職場づくりが求められています。反対意見を受け止めて、更に実現可能あるいは効果を上げるものにしてこそ管理者ではないでしょうか。

残念な看護管理者では困りものです。看護の善し悪しは看護業務に対する価値基準の程度に関わります。看護の善し悪しを決める要素は、１つは、ＨＲ（Honesty と Responsibility）、２つは、ＣＲにあるのではないでしょうか。Honesty（正直になる）は、嘘をつかないことと隠さないことです。Responsibilityは、責任感です。責任感とは何よりも自らの役割を果たすことを言います。看護に正直に向かい合うことなくして看護業務の役割を果たすことはできません。

看護業務を実践していくためには看護に正直であり、看護業務の役割を果たすだけでは十分とは言えません。

ＣＲは、CaringとRespectです。Care（看護）の本質は、Caring（やさしくする）です。CaringとはRespect（人を大切にする）に通じています。療養の世話は、ＣＲ（ケアリング&リスペクト）なくして実践できません。

事例

7

動機づけの目的は「標準を維持する」ことと「不具合を起こさない」こと

病院は公器です。新聞は社会の公器と言われていますが、病院もまた公器です。

「公に器と書いて公器と言います」

看護師長の冒頭説話です。

「公器ってなんですか」

新人研修会の看護師長の説話が終わるや否や、新人ナースの加藤さんが質問しました。

「公共の機関という言い方があるでしょう。おおやけのものという意味よ。うちは医療法人ですが、公器だからこそ、株式会社ではなくて、医療法人なのよ」

新人ナースの加藤さんは分かったようでいて、分からないような顔つきです。

「病院の理念にも看護部の理念にも社会貢献が書かれています。理念に基づき、方針や目標が設定されています」

「目標って何ですか」

今度は、新人の田上さんです。

「うーん。組織目的を達成するためのマイルストーンかな。マイルストーンとはね、東京まで何キロです、という標識ね。組織目的とは成し遂げようと目指す事柄です。組織には、3つの要件があります。２人以上いる、目的がある、役割が決まっている、の３つです」


師長は、組織で働く看護師の意義について新人ナースに動機づけをしたいと考えていました。

看護師長が考えている看護師に必要な動機づけは２つです。

・動機づけは**標準を維持するため**に行うこと
・**不具合を発生させないため**に行うこと

「標準維持課題とは、良い状態を保つように処置し、取り仕切ること。つまり、基準どおりにできていないことが課題です。

看護基準どおりに看護実践して下さい。改善課題とは、基準そのものを改めてよくすることを言い、基準の水準を変えることです」

新人ナースたちはさかんにメモを取っています。

「課題の解決の仕方と進め方です」


師長は、課題とは何かを語り出しました。

問題の解決の仕方には手順が必要です。

問題とは、あるべき姿と現状との乖離です。ルールを守らない事例、例えば、遅刻などは逸脱型問題と言います。

目標としている数値が確保できないなどというのは未達型問題です。
働きがい、職員満足あるいは患者の納得、患者満足などは、創る問題あるいは形成型問題です。

「学校で看護管理という科目を習ったわよね」

師長はやや砕けた口調で語りました。

「看護課題とは、私たち看護管理者の課題という意味もあるけど、看護課題は看護師全てに関わることよ。

看護管理とは、例えば、患者様の看護課題というようにね。看護課題には課題の解決行動だけではなく、新たな課題を探索し、形成することも含まれるのよ」

「課題を解決するということは、現象としての課題状況を除去していくことだけではなくて、新たな課題を見出すことよ。

課題を解決するために体験から条件反射的に解決案を提示する、つまり、看護師としての経験知も必要ですが、学校で習った知見あるいは、自分の勘を働かせて解決することができるのよ」

師長は、看護課題の解決は知的活動であり、組織的にしかも体系的に展開するという認識が必要ですと締めくくりました。

課題を解決する場合には、課題の状況に関連する全ての者が、問題の解決に関わってチームとして解決行動をしなければならないというのが師長の信念です。

課題の発見から解決までのプロセスが看護師による看護チームづくりである、というのが師長の考えです。


リーダーの小野さんが、「ここからは、ワークをして下さい」、と討議を促しました。

「ワーク課題は、看護チームの基本、看護チームづくりの方向、の2つです」

新人ナースは3名のチームを編成して、分団討議をしました。

そして、討議結果の発表です。

「みんな、良い話し合いができました。そこでね、チームで出した結論を一つにまとめてみない？　私もリーダーも助言するから、頼むわね」


まとまったものがホワイトボードに書き出されました。


『看護チームの基本』

看護チームの基本は、医業に求められている二大課題に連動していることである。

二大課題とは、一つは、質の高い医療を追求すること、一つは、人間性の尊重を図ることである。

これらを同時に達成できるチームが看護チームである。

『看護チームづくりの方向』

看護チームづくりの基本的な方向は3つに集約することができる。

1．精神的充足感

看護チームづくりの源となるのは、チームを構成している看護師の能力と意気込みである。チームを構成する看護師個々の能力を開発するとともに、精神的な充足感が得られるようなチームづくりが必要である。

2．働きがい

看護師の生活の安定が確保され、働きがいを持ってチームの活力を生み出すようなチームづくりをする。

3．自発的と自律的

看護師が主体性を持って「自分のなすべきことは何か」を自発的、自律的に考え、遂行するような状況を作り出すことができるチームづくりが求められている。

事例
7 自由気ままな上司を変えるにはどうしたらいいか

「私、ナイチンゲールに憧れて看護学科に入ったんだ。看護師はみんなナイチンゲールのようになるんだと思っていたのだけれど、この病院のメンターは違うのよね」

メンター制度（mentor program）は、職場における人材育成法の一つです。知識や経験の豊かな先輩（メンターmentor）と後輩（メンティmentee）が、原則として1対1の関係を築き、後輩のキャリア形成上の課題や悩みについて、先輩がサポートする制度のこと。

メンターは優れた指導者、助言者などを意味する英語です。メンターはメンティの直属の上司以外の人物であることが多く、2人は定期的に面談（メンタリング）を重ねながら、メンティ自身が課題を解決し、悩みを解消するための意思決定を行うようにしています。

メンティが次のメンターとなって支援する側にまわり、人のつながりを次々に形成していくことをメンタリングチェーンと言います。

「良く言えば、自由勝手、気ままに行動している看護師かな。休暇は目一杯とるし、ドクターとも結構遊んでるし。それは良いとしても、ナイチンゲールのことを話したら、そんな古い人のことどうでもいいでしょう、看護理論なんか。仕事にはいらないわって言われちゃったの。なんかがっかりよ」

新人看護師井川さんのグチを聞いていた一年入職が早い野口さんは、やっぱり、と言って、話し出しました。

「そうなのね。私もあの人、大川さんがメンターだったのよ」

「それなら分かってくれるよね」

「『そういう人だから仕方がない』と周りが言うから、そのつもりでいたので、大きなもめ事にはならなかったけど、気を使って疲れたわ」

そういう人だから仕方がないで済ませるわけにはいけません。新人や後輩への悪影響があります。

看護主任中野さんが大川さんと面談することになりました。

「あなた、自由気ままで良いわね。少し、勝手なこともあるようだけど」

「私って、自分の興味のあることは話したがる人ですけど、そうじゃないことは余計なことだから関わらない人なんです」

「職場でおしゃべりをしたがる人じゃないわよね」

「中野さん、なんか、私に文句があるんですか」

「そうじゃないわ。私は、あなたが仕事と私用の分別をつけていると思っているわよ。今日は考えてほしいことがあるのよ」

「何か」

「医療専門職について考えてほしいのね」

「医療専門職って、ドクターのことですか」

大川さんは、院内のドクターと付き合っていましたから、主任がそのことを言うのかなとやや警戒気味な口調になりました。

「もちろん、ドクターはそうだけども、私たちナースもそうよね」

「ええ、まあ」

中野さんは、英語でMedical Professionと言って、医療専門職には、知識、技術、行動、倫理などに関する研鑽が求められているよねと、大川さんに話しました。大川さんは少し頷き、小声で、そうですね、と言いました。

医療専門職は、職業上の行動を自ら規制する継続的な責任を負っているし、医療専門職であるがゆえに知識、技術、行動、倫理などに関する研鑽が求められているといって、印字した用紙を大川さんに手渡しました。


大川さんは、用紙に目を通しました。

プロフェッショナル・フリーダム（professional freedom）……プロフェッションにはプロフェッショナル・フリーダムが求められている。「病は医者歌は公家」、「餅屋は餅屋」のたとえがあるように何事においても、それぞれの専門家に任せるのが一番良いということ。専門家の立場からすると、周囲から束縛されずに言論、表現、思想などを表明できること。

プロフェッショナル・オートノミー（professional autonomy）……フリーダムの範囲は専門家が身勝手に決めるものではない。自らの職業的判断を気ままに行使できるものではない。プロフェッショナルオートノミーあってこそのプロフェッショナル・フリーダムである。自分の行為を主体的に規制すること、つまり自律である。

アドヒアランス（adherence）……患者が積極的に治療方針の決定に参加し、その決定に従って治療を受けることを言う。治療内容、患者側因子、医師側因子、患者・医師の相互関係という観点からコンプライアンスとは異なる。

　大川さんが目をあげたところで、看護主任の中野さんは、大川さんの右手をとって握手をしつつ、大川さんの目を見ながら言いました。

「大学の社会人入学に応募してみない？　勤務は調整するから。看護理論もそうだけど、Medical Profession について学んでみない？」

事例

9 説明の仕方がぶっきらぼうで口調がきつい上司にはプレゼンをさせてみる

「説明されても分からない、説明の仕方が下手」
「要点を言っているつもりでしょうけど、分かりません」
「いつも命令調、上から目線なのよ」

説明の仕方がぶっきらぼうで、口調がきつい上司のもとでは、傍観的態度の部下か不快顔の部下ができがちです。

傍観的態度の言葉づかいの典型は、「私には分かりません」「私の役割ではありません」「初めて担当することになりました」「私の担当外のことです」などというものです。

不快顔をする部下の言葉づかいにも典型があります。「だから何ですか」「知らないこともありますよ」などというものです。

説明の仕方がぶっきらぼうで、口調がきつい上司の中にはストレスに苛まれていることもあるかも知れません。

管理者はストレスに陥りやすいストレッサーに囲まれている環境下にあります。

まずは、ストレスに対する学習です。ストレスとは何か。ストレスの原因をストレッサー(刺激）と定義したのは生理学・病理学者ハンス・セリエ（カナダ人）です。ストレッサーは6つに分類することができます。物理的、環境的、社会的、肉体的、精神的、人間関係的の6つです。

過剰なストレスは、自律神経の変調をきたし、その結果、説明の仕方がぶっきらぼうで、口調がきつい上司になり得ます。

社会的なもの、肉体的なもの、人間関係的なものから生じるストレッサーは単体ではなく複合して襲いかかってきます。

ストレスに対する適応能力を高めることが一つの解決策です。ストレス耐性を強くするために何をするかということです。

過剰なストレスによって自律神経が乱れると体調に変化が現れます。ストレスが加わると、防衛本能が働いて身体を守ろうとするからです。

上司が、これが自分のスタイルと思い込んでいて、身勝手な説明をしても、説明の仕方に自信を持っていると始末が悪いものです。説明の仕方がぶっきらぼう、口調がきついのは、上司自身が説明の仕方が下手と思い込んでいる場合もあります。そうなると、「あえてこれで良し」としていることもあります。改善するためには、起承転結型の説明の仕方を体得するとよいでしょう。

起承転結文のモデルを頼山陽（らい さんよう）が示しています。頼山陽は、大坂生まれ、江戸時代後期の歴史家、思想家、漢詩人、文人です。

大阪本町の絲屋の娘
(絲屋の娘で筆を起こした起句です)
姉が十六妹は十四
(其娘は姉妹です、齢は十六と十四であることを述べて上句を承けた承句です)
諸国諸大名は刀で斬るが
(絲屋の娘に何の関係もないものの大阪の対比で、諸国、商人の娘との対比で士農工商時代の諸侯大名のことを出した転句です)
絲屋の娘は目で殺す
(士は武器で言いなりにするが、糸屋の娘は愛嬌で糸の商いができるというものです)
起句、承句を、目で殺すという四字を出して転句を顧みて、全編を収束した結句です。

説明の仕方がぶっきらぼうで、口調がきつい上司に気づきを求めるためには、看護研究の場などを活用して**プレゼンテーション**を担当させることです。

そして、プレゼンテーションを職場全員で評価します。担当した本人は自己評価をします。評価の項目に、分かりやすさと説得力を加えておきます。

普段、説明の仕方がぶっきらぼうで、口調がきつい者のプレゼンテーションに対する他者の評価は、分かりやすさと説得力に欠ける、となるでしょう。もし、本人が良い評価をしている場合は、自他の違いを洗い出して、改善目標とします。

でも、そう簡単には直らないものです。自他の違いを認識しても改善に結びつけないこともあります。本人が自覚し、改善しようとしないとすると、管理者としての適合性がないということになります。上司の上司が指摘するとか、解決する支援者として関わってもらうなどという方法もなるでしょう。

まずは、言葉の語尾を工夫することです。体言止めにしない、「です・ます調にする」ことからです。「心あまりて、言葉足らず」のたとえもありますし、言葉は生き物、言霊です。

事例 10

気分にむらがありストレスフルなスタッフの業務を見直すコツ

「ストレスフルかな」

「確かに、いっぱいいっぱいと思っているかも知れません」

主任の楠さんとリーダーの高木さんが話しているのは、入職2年目のナースの樋口さんのことです。

「業務を少し見直してみたら」

「分かりました」


人間の心持ちは、気分がすぐれないこともありますし、気分が盛り上がることもあるものです。爽快さと憂鬱さは誰でも持ち合わせている気持ちですが、度が過ぎると逆上するなどということにもなりかねません。

気分のむらは好ましいことではありませんが、誰にでもあるものです。どうしてそうなるのか、個人差もあるとはいうものの、業務が標準化されていないために、場当たりの仕事になっているとか、根拠がないまま業務をしていて、やがてにっちもさっちもいかなくなるということもあります。対人関係のプレッシャーで押しつぶされてしまうということもあります。

リーダーの高木さんは、スタッフの樋口さんをストレスフルにしている要因を想定しました。そして、業務を見直すために、スタッフの樋口さんと個別面談をしました。

「看護基準、看護手順、患者様個別の看護計画そして看護記録と、あれもこれもで、時々、イライラするんです」

「そうか。これから言うことも参考にしてね。車の免許あるよね」

樋口さんはこっくりと頷きました。

「私たち看護師の仕事には、3つのルートがあるのよ。国道が看護基準。県道が看護手順、市道が看護計画、そしてタコメーターが看護記録よ」

「なるほど。そういうことですか」

「車の運転はナビ任せということもあるでしょうが、大体は、ルートを明確にするよね。そして、そのルートを守って走るよね。それから混んでいるとか、事故があって予定したルートとは違うルートを選択することもあるでしょう」

「はい。この前なんか、東名すごく空いてたんですけど、御殿場過ぎたあたりから混んできて、高速を降りたんです」

この人、話好きだけど、もしかして院内では話し相手がいないのかなとも思いました。

「それでね、ルートを明らかにするというのはね。こういうこと」

リーダーの高木さんはメモを書きました。

【ルートを明確化する】

①チームが業務の質や安全を確保をするためには、行動のルートが確立されていなければ効果は期待できない。②業務を正常に遂行するためにはルートがなくてはならない。③看護業務のルートとは規則や通則であり、約束事である。④安全のために手抜かりがなく、業務が効果的であることがルート選びの条件である。⑤ルートは現場で活用できなければならない。⑥不具合が起こっても使用できるものでなければならない。

「分かった？　体験しながら考えてね。次は、ルートを守ることよ」

【ルートを守る】

①ルートは全員が守るためにあるもの。②守られないルートは無いに等しい。③ルートが全員に守られるためには、全員がルートを知らなければならない。④ルートは規則化されなければならない。

「そうか。分かりました。ルートって、ルールのことなんですね」

「まあ、そうね。その通りにしたら、守られるルール、つまり、規則はどのようなものかな」

「うーん」

「単純、明解、実状に適合にしていて、根拠がなければならないのね」

「根拠って、看護理論とかですか」

「そうよ。守られる規則を作るためには三現主義を前提にして、根拠だてることが必要なの」

「サンゲン主義ってなんですか」

「そうか、分からないわよね。現場で、現実で、そして現時点で何をするのかということよ」

「そうですか。現時点で何をするのか、いつも悩んでます。分からなくて」

「だんだんよ。あなたなら、私の年齢になったら、今の私を超えているわよ」

「えっ、そんな。そんなの、違います」

「そうなるって、大丈夫よ。まあね、今の私だからね。あなたが私の歳になる頃には、私は、もっと成長しているはずだから」

「そうですよね」

「規則を守る時にね、AでもBでもいずれかでもいいというケースがあるのね」

「そうなんですか」

「処理を統一しないと行動が曖昧になるから規定するのだけれども、なんでもかんでもというわけにはいかないのね」

「膨大になりますよね」

「そうなの。事故やその他の経験から体得した事項をルール化するとか、経験法則的なものを規定するとか。安全管理上の見地から規定するとか。看護部長から指示があったと思うけど、看護手順を見直しすることになったわ。そこで、あなたにも見直しのメンバーになってもらうわ」

事例11

上司が「無能だから部下ばかりに仕事をふる」「仕事ができるから部下に任せる」、このギャップをどう埋める？

上司とは部下を通じて目標を達成することができる人物です。

部下に仕事をさせることが上司の役割ですが、上司の仕事のさせ方に部下が不満を持っていると目標を達成するどころではなくなります。

部下が仕事が増えたとか、上司は何も仕事をしないで押し付けてくるなどという意識になっていると上司に反感を抱き、何かにつけ反発してくることになりがちです。

「なんで、スタッフの私ばかり忙しいのよ」
「管理者ってさ、仕事なんか何もしていないじゃない」
「何で、私が割りを食わなければならないのよ」
「高い給与貰っているのだからちゃんと仕事してよ。まったく冗談じゃないわ」

これは部下の不満ですが、この部下は、上司とは自分たちと同じ仕事をするものと思っているのかも知れません。仕事ができない上司と評価しているようです。部下のこういう見方を好ましくないとばかりに否定するものではありません。

こうしたことが起こるのは、管理者が、管理の仕事を、「見える化」していないからではないでしょうか。

力がない上司のもとでは、自分がなんでもやらなくてはいけないと思いこんでいるようです。

上司には3つのタイプがあります。

1つは、率先垂範タイプの上司です。このタイプは、部下に模範を示す上司です。力があると思われがちな上司です。

2つは、率先躬行タイプの上司です。人に先立って自ら行うことを常としている上司です。

3つは、委任タイプの上司です。部下に委ねて任せる上司です。

上司のロールモデルは一様ではありません。上司とは偉い人ではありませんし、力があるとは限りません。

上司は部下に担当させる仕事を定め、その仕事をしやすくする役割を担っています。そもそも、管理とは部下を駆り立てて目標を達成することです。

部下の能力に応じた管理のロールモデルがあります。

率先垂範は、能力が不足している部下に相応しいモデルです。率先垂範して部下に仕事を覚えさせていきます。

率先躬行は、部下と同程度の能力を有する管理者、あるいは部下よりも体験が少ないと感じている管理者のロールモデルです。

委任は、能力のある部下に仕事を任せるときのロールモデルです。

いずれのロールモデルにしても仕事を通じて部下を成長させるために必要となるものです。

部下の中には、上司に力がないから自分が仕事をすることになると思っている者もいます。上司の立場からすると、部下に能力があるから更なる成長を期して仕事を任せていることになるかも知れないのですが、意識に乖離があります。

部下に部下が描く上司のあるべき姿があり、そのあるべき姿と実際の上司に乖離があるから葛藤が生まれます。

「どうしたものかな」

「何よ、浮かない顔して」

「なんかな。ぎこちないというか、空々しいのよね」

看護係長の大下さんは同僚の係長に悩みを打ち明けました。

「管理者のタイプはいろいろよ、身をもって示すことよ。まずは、この上司の下では仕事が増すばかりという思い違いを直させることかな」

「どうやって」

「この上司だから成長することができる、という見方に発想を変えさせるのよ。上司を小ばかにしている部下は、無能上司という烙印を押してしまうでしょう」

看護係長の大下さんは、同僚の助言により部下と面談することにしました。面談に先駆けて、自分なりの手順を作ってみました。

①自分と部下とで、部下が行っている全ての業務を洗い出す。
②業務を月別、週別、日別に区分して、時間毎に整理したリストを作成する。
③リストに、一人で行うのか、複数で行うのか、どの部署あるいは誰と連携しているのかを記載する。
④上司が行う必要がある業務について提案を受ける。

面談に要する時間は1時間ほど、業務を整理する期間は3か月とすることにして、個別面談を行いました。

面談の締めくくりに、私も自分の仕事を洗い出すことを部下に伝えようと思いました。

看護係長の大下さんは、部下との面談を終えて自省しました。

業務分担の明確化ができていなかったのです。部下との葛藤ばかりではなく、業務の質に悪い影響が出ていることが分かりました。

そこで、自分と部下の行う業務を整理しました。上司の役割を具体化し、部下に説明をしました。

看護係長の大下さんは、上役の看護師長の大竹さんに経過を報告しました。

「そうね。役割を明確化することは大切なことよ。そのうえで、動機づけと激励の使い分けが必要ね。動機づけは、意図的に刺激を与えることよ。激励は、励みになるように元気づけることよ」

「分かりました。動機づけ、激励ですね。やってみます」

「部下の能力によって上司の役割が異なるのよ。部下は上司の立場に立って、上司は部下の立場に立って、かな。

上司が部下を人間として扱うことは、上司が部下に人間として扱われることになるわ。人間は強い反面、弱く脆いものよ。部下には癒しと慰めが必要よ。癒しは、病気や傷を治すこと、飢えや心の悩みなどを解消することです。癒しとは元に戻すことです」

慰めとは、不満な心をしずめ満足させること。相手の苦しみや悲しみをなだめることです。

事例
12 指示を無視する部下、指示に意見ばかりして素直に聞かない部下をどうするか

相手が不快に思うかどうか、相手のこころが傷ついたかどうかは相手にしか分からないことです。

しかし、相手の表情や反応を観察することによってうかがい知ることができます。


「指示したとおりにしなさい」

「最後まで、聞きなさいよ」

「もういいわ。説明するだけ時間の無駄」


「あれはないわよね」

「ちゃんと言われたとおりにしているのに」

「最後まで聞けっていうけど、分からないから聞いているのに」

「おかしいなと思ったから言ったのに、意見を言える立場ではないでしょうって、絶対に変よ」


スタッフの須磨さんはむくれ気味です。

スタッフの須磨さんは、リーダー達から煙たがられています。

指示したことに対して、あれこれ聞いてくるからです。

須磨さんのことを「なぜなぜナース」とあだ名をつけているリーダーもいます。

「なぜですか、どうしてですか、のオンパレード。

あれがなければいいナースよね。惜しい。残念よ」


意見は思う所、考えです。スタッフの須磨さんを窘めたのには窘めただけのことがあるかもしれません。

多分、3つの理由です。

1つは、上司としては、部下が思う所を述べてきて、上司を諫めていると思ってしまい、窘めたのです。

2つは、部下の意見が説得力もなく、根拠もない意見であったから窘めたのです。

3つは、意見が正論すぎて、困り果てて窘める風を装ったのです。

意見は業務を改善するために必要です。意見を否定されるのはされるなりの理由があるものです。

意見には正論、異論、暴論などがあります。正論は、道理にかなった議論や意見です。異論は他とは違う議論や意見です。暴論は道理を無視した議論や意見です。

上司の多くは暴論を即座に否定しがちです。それでは、正論を聴く耳を持っているかという と、ここが難儀なことです。

上司の中には、正論を言われると、職場の仕事に対する改善提言であっても、正論ゆえに自分の人格が否定されたと思う人物がいるものです。異論についてはどうでしょうか。異論は上司の考えとは異なるゆえに、上司の受け止め方には否定派と肯定派に大別できます。

かつて、武士には一所懸命という忠誠観がありました。

一所とは今、勤めている城、今で言うと病院、会社です。懸命とは、命がけのことです。武士はこの城で生涯を勤めきるという強い意識のもとに城主や上司に忠誠を誓っていました。下役が上役、特に城主に直言する場合には覚悟を決めたものです。直言を聞き入れてもらえない時には切腹するという覚悟です。

今は武家社会ではありませんから、上司には部下の意見を取り入れて業務を改善する姿勢が求められています。こうした姿勢がない上司は心得違いをしている上司と受け止めかねません。

部下を人間としてではなく道具と考えている上司は部下の意見を聞かないものです。これは、大いなる心得違いです。上司には職場目標を達成する責務があります。部下を通して実現する役割です。

目標を実現するためには、部下の意見が有効なことが多いものです。いや、部下が言ってくるのを待つのではなく、自分から部下と面談をして聴き出す行動が必要です。

D・マグレガーは、経営管理者の管理行動を研究して、人間は目標のために進んで働くし自己実現の欲求が満たされれば献身的に目標達成に尽くすというY理論を構築しました（1960年）。シュレイ・E・Cは、結果の割りつけによる経営の重要性を説き（MBR／Management By Results）、目標とは期待する成果であるという見解を示しました（1961年）。

須磨さんが残念なナースだとしたらどうすればいいのでしょうか?

須磨さんには、意見を真摯に提言させることです。観念的なことで申し入れるのではなく具体的な改善案を提言することです。

そのためには、上司の立場に立って考えさせることです。受容性を高めることです。受容とは受け入れて取り組むことです。

須磨さんは甘言をすることなどなさそうです。甘言はよくありません。

甘言とは相手の気にいるように巧みにいう言葉です。上手くいく場合もありますが、結局は取り入るとか擦り寄るだけの部下になります。

意見は時に換言することです。換言は言葉を変えて言うことです。違う立場や違い角度から具体例を挙げて申し入れるなどということです。

しかし、上司との人間関係が上手くいっていない部下であるとすると、意見が正論であっても聞き入れるどころか文句を言っていると思われがちです。


管理者やリーダーに求められていることは、公平感です。部下一人ひとりを大切にする管理です。意見が飛び交う職場づくりです。

上司に面と向って意見が言えないようでは、健全な職場ではありません。意見を否定されても諦めないで、何度も何度も繰り返し提言するタフな部下を、頼ましいと受け止める姿勢が必要です。


須磨さんにも心得ることがあります。

意見を言う前に、担当者として誠実に業務をこなすことです。

普段の業務を粗雑にこなしているようでは、意見が聞き入れられることはまずありません。

パート 5

叱り方のルール

事例
1
叱る時の5つの原則

「いつまで、黙っているの。反省したかどうかもわかんないでしょ」

看護主任富山さんは感情が昂ぶってきました。叱責が怒りに変わりそうです。

「泣いたって解決しないわよ」

叱ると沈黙してしまう部下は少なくありません。叱った上司からすると、叱ったことを受け止めているのかどうか分かりません。管理者の感情が激高することも少なからずあります。

叱られたナース田安さんが落ち込んでいるのをみて、リーダーの青山さんが田安さんを誘いました。

「あの人、よく叱るよね。私も何度も叱られたわ。それでね、黙って、口をきかないとね、あの人にとっては自分を批判していると思ってしまうようなのよ」

田安さんは涙が戻ってくるようでしたが、堪えているようです。

「反省したんですが、気持ちを上手く話せなくて」

「そうでしょうね。それとね、泣くのは当然だし、泣きたいときに泣いていいのよ。でも少しだけ、考えてほしいことがあるわ」

それはね、と言って青山さんは、涙の力学ともいうということを話し出しました。

「泣くことは、精神的、肉体的の刺激に堪えられないからです。声を出して、涙を流すことは心の発露として自然なことです。そうではあるのだけど、泣くのもいろいろあると思うの。しくしく、ワァーワァー、奥歯をかみ締めて涙を流すなどあるでしょう。人知れず涙を流すことと、人前で泣くことは、泣くという行為としては同じでも様相が異なるわ。救いを求めて訴えているのか、不利益を我慢しているのか、いろいろあるわよね。

それでね、泣かれると、管理者としては、周りの目を気にするものなのよ。パワハラと思われないかを気にするものよ」

看護師長の川北さんは、看護主任の富山さんと面談をしました。

「欲求不満を発散しているみたい、という者もいるのだけれど、あなたはそんな人ではないし、あなたが愛情を持って叱責していることは分かっているわ」

「もちろんです」

「少し、自問してほしいことがあるのだけれど、いい？」

「はい」

「叱責するときの原則を知っている？」

「いいえ」

「そう。いくつかあるのだけれど、他者と比較しない？　齟齬がないことね」

「はい」

「人は、他者と比較されると嫌なものよ。仲間、他のスタッフと比べて叱らないことね。

齟齬がないとは、前に言ったことと今言っていることに矛盾がないことなの。私たち管理者は自戒しないとね。自分の言ったことは忘れがちだけど、言われたほうは覚えているものよ」

「目から鱗です。つい、できているスタッフのことを引き合いに出してしまいます。目の前で起こった不具合を対象にしていますから前に何と言ったかを思い起こすことはしていません」

「そうよね。それでね、部下が沈黙し、泣き出すというのは叱り方が適切ではないかも知れないな。咎め諫めることが叱るでしょう。咎める対象を説明し、理解させなければならないと思うわ」

「そうですけれど」

「叱るのは育成したいからでしょ。腹立つことがあったとしたらどうしたらいいかな。一緒に考えてみようよ」

①その場で叱る

安全措置ができていない時などである。同種のことをしてはならない理由を提示し、警告することによって、なぜ危険な行動なのかを教えなければならない。

②一呼吸置いて叱る

緊急性が低い場合には、一呼吸置く間に、管理者の立場ではなく、部下の立場に立ったら自分はどのようにしただろうかを考えながら叱る。

③叱らない

もし、自分も部下と同じことをするであろうと思うのならば、叱る対象ではない。叱るのではなく、次回にはどうしたらいいかを部下と一緒に考える。

④場を選んで諭す

朝礼など人前ではなく二人だけの空間で諭す。

⑤言い聞かせる

言い聞かせて納得させる。


「叱り方を工夫してみます」

「いいことね。でも、叱ることは技法ではないからね。愛情の発露として叱るとしても、感情が勝っては駄目よ」

田安さんは、青山さんに連れられて、看護主任の富山さんのデスクにきました。

「申し訳ありませんでした。指示を受けたことが終わった段階で報告しなければならないのに、怠りました」

「そうね。報告しないことは良くないことよ」

「それと、指示された仕事が理解できないことがあります。能力に不安があるのかもしれませんが、うやむやにしないで、改めて指示を受けるようにします」

「業務を一つひとつ習得していくことって、看護の仕事をする喜びでしょう。確実に基本に忠実に仕事をすることはチームと患者様に役立つことよ」

看護主任の富山さんは、何かが降りてきた気がしました。

事例

2

整理整頓できない人への注意の仕方・対応法

「えっ、なによ。後片付けしてないじゃない。中途半端ね。看護行為が上手くてもこれじゃあ駄目よ」

業務には準備がありますし、後始末がともなうものです。やりっぱなしの者は中途半端人です。中途半端人は、看護師としても中途半端です。

前があり、今があり、後があります。準備と後始末は業務の一連の流れですし、業務に包含されるものです。

例えば、5Sです。整理、整頓、清掃、清潔、習慣化です。準備と後始末の視点がないとすると、連鎖が分からないまま業務をしていることになります。業務の連鎖とは前工程と後工程があり、関連する業務と連携するということです。

「どうしたらいいのかな」

リーダーの木内さんは悩んでいます。

整理整頓しなさいといったら、してます、と言うのだけれども、でも、実際はできていないのに。

看護主任の海老名さんは木内さんの困り果てた顔を見かねて助け舟を出しました。

「5Sとは何かを話してみたら。そして、5S行動をあなたが率先してやってみることね」

「上手くいくかな。そんなの自分の仕事ではないと言うに決まっているけどな」

「言ってみてよ。そして、まずは、自分で模範を見せてごらんよ。それからよ」

「5Sって言いますけど、看護補助者の仕事を奪うことになるから、私はしません」

中野さんはなかなか手ごわい新人ナースです。

「そうか。看護補助者のためにしないいんだ」

リーダーの木内さんは、違う人種が目の前にいるようにさえ思いました。熱くなっている自分を鎮めるために深呼吸をしました。メモにして、手渡しして、話すことにしました。

「これが、5Sよ」

メモを渡してから説明をしました。

①整理……必要な物、不要な物を基準にしたがって色分けをして分類する。必要な物は保管する。不要なものは破棄基準にしたがって破棄する。
②整頓……必要な物が必要な時に容易に取り出せる状態にしておく。
③清掃……身の周り、職場、院内をきれい（汚れのない状態）に掃除する。
④清潔……清掃した箇所をピカピカにして保持する。

⑤習慣化……整理、整頓、清掃、清潔の4つを習慣化する。

「それでね、あなたが言うことも理解できるわ。確かに看護補助者が行っている仕事もあるからね。でもね、仕事の仕方を教えるのは看護師でしょう。私や中野さんよね」

「本来業務が停滞しますよね。5Sというのをしていたら。だから補助者でしょ」

「ちょっと待って。5Sは付帯業務ではないよ。あなたの言う本来業務なのよ」

中野さんの考え方というのか、発想にはついていけないリーダーの木内さんです。

木内さんは、看護主任の海老名さんの助言を思い出しました。

「分かったわ。他の新人ナースはしているわよね」

「そうですか。知りません。そんなに言うなら、木内さん、自分でしたらいいのに。5S、好きなようですから」

「そうね。私がするわ。だから、早く、リーダーになるといいわ」

「そうですよ。いのちは待ったなしなんだから。患者様の治療や看護も待ってはくれないでしょう。看護職は体調管理をいの一番にしなければならないではないですか」

「定位置にあるべきものがなかったら、あちこち、探すことになるわよね。そうしたら、手遅れになるかも知れないでしょう」

「それと、5Sをするのは別ですよ。大学で教授から、下膳というのかな、食事の後片付けなんかしてはいけないと教わりました。あんなのは看護補助者にさせておいて、看護師はもっと価値あることをしなさいという教えでした」

　リーダーの木内さんは合点しました。

「食事は薬と同じ、いや、医食同源というぐらいなんだから」

「いしょくどうげん、それって、なんですか」

「医、食、同、源で、いしょくどうげん、よ。バランスの取れた美味しい食事を摂ることで病気を予防し、治療しようとする考え方よ」

「ふーん」

「下膳という言葉がおかしいのかな。食事は私たちナースと管理栄養士がカンファレンスをして決めています。もちろん、ドクターの指示を受けてね。どの程度の量を食べて、どの食材を残したか。患者様の療養生活のバロメーターなんだから。受持ちナースが観察をしなければならないことよ。まあ、そのうち、分かってくれたらいいわ」

　木内さんは、のんびりやるしかないか、と自分に言い聞かせていました。

　木内さんは、誰かが言っていた言葉を思い起こしていました。率先躬行（そっせんきゅうこう）です。人の先に立って、自ら物事を実行することです。

　それにしても、大学で講座に5Sや仕付け行動を教えてくれていたらなあ、と思ってしまうのでした。

　しかし、今なにをするかが自分に問われていると思い返して、仕付け行動と連携行動について、メモにして中野さんに渡すことにしました。

【仕付け行動】 準備と後始末

①確認……必要な器材などを確認する。

②点検……使用に堪えられるか点検する。

③搬入……使用場所に運び入れる。

④使用後清掃……使用後に清掃する。

⑤使用後保管……定位置定所に保管する。

【連携行動】 連絡を取り、協力して看護業務を推進

①前工程……申し送りを受ける。

②後工程……申し送りをする。

事例3 怒らないコツ

「つい、怒ってしまうのよね」

「私も、そういうことあるわ」

リーダーの山田さんと小泉さんは困り顔で話をしていました。

「私の指示の仕方に課題ありかな」

山田さんはやや自嘲気味です。

「そんなことないと思うけど……」

小泉さんは、あるいはそうかもしれないとも思いました。

「怒らないコツってないかな」

「怒らないか……」


小泉さんは一日中、怒らないコツなんかあるのかなと考えながら業務をしていました。

指示や命令をする時にスタッフが分かるように話しているかな。患者様との関係では、やかましく、インフォームドコンセントする能力を高めるように言っているものの、チーム内ではどうなのか。

「チーム内でもインフォームドコンセントが必要だと思うんだ」

小泉さんは山田さんに語りかけました。

「スタッフにですか」

「そう」

「インフォームドコンセントか」

「患者様とのインフォームドコンセントと、スタッフとのインフォームドコンセントは同じことではないかな」

2人はインフォームドコンセントについて話し合いました。

「インフォームドコンセントは、説明の段階と同意の段階があるということよね」

「そうか。前後の2段階があるのか」

「前段階は、患者様に、話し、説明し、時に説得する段階ね。後段は、患者様の納得を確認し、同意を形成し、私たちと患者様とが互いの役割を認知する段階よ」

「患者様を部下とかスタッフにするということね」

「そうなると、前段で心がけることは、スタッフが理解できるように分かりやすく話をすることだよね。新人、仕事の経験の浅い部下と話をする時には、専門用語、聞き慣れないカタカナ語を用いると、聞くというよりも理解しようとするので精一杯ね」

「一方通行ね。対話にはならないわね」

前段は、相手が理解できるように分かりやすく説明して話をすることが必要です。後段は、自分がそのことについて十分に理解していないと、相手の納得を確認し、同意を得て、お互いの役割を認知することにはなりません。

「コミュニケーションはツーウェイが基本というのは分かっているんだけどね。心得帖というか、作ってみましょうよ」

①双方向（ツー・ウェイ）コミュニケーションを心がける

対話は、リーダーが一方的にしゃべってスタッフから何の言葉も返ってこないのでは、真のコミュニケーションである伝達、意思疎通とは言えません。

仕事の場は、リーダーとメンバーの立場の違いから、会話が一方的になることがあります。言葉を押し付けるだけではコミュニケーションではありません。

②スタッフの理解度を考える

人間の能力は同じではありません。リーダーの言ったことを一度で正しく理解する人もいれば、同じことを二度、三度と言って初めて理解する人もいます。

リーダーが「何回言ったらわかるの」とイライラした態度を示せば、スタッフは萎縮して、聞きたいことも聞けないまま、双方の信頼感も築けません。

リーダーがそのつもりで言ったことが、必ずしもスタッフに正しく伝わっているとは限りません。リーダーの意図したこととは違った受け止め方をしている場合があります。言葉は不完全のものとし、スタッフがどのように受け止め理解したかを確認していく必要があります。

③スタッフの顔を見て話す

リーダーの話をどのように受け止めているのかは、スタッフの表情を見ればつかめます。こちらの言葉に同意していれば頷きますし、反対だったり嫌だなと思えば下を向いたり、顔の表情を曇らせ黙ってしまいます。リーダーは自分の言うことに気をとられスタッフの顔を見ていない場合があります。話をする時はスタッフの顔やしぐさをよく見てスタッフの気持ちを察していくことが大切です。

④スタッフに質問して積極的傾聴につとめる

双方向コミュニケーションを行うためには、リーダーが話したことをどう受け止めたかスタッフに質問していくことです。「○○についてこう考えているのだけれど、あなたならどう思う?」といった具合です。たとえ意見が異なっていても話をさえぎらず、最後までスタッフの言うことに耳を傾けることです。

⑤スタッフとの会話は熱意を持って態度に表す

コミュニケーションに及ぼす影響は、話の内容よりも話す人の目や表情、態度動作に聞き手は強く影響を受けます。スタッフを動機づけていくためには、熱意を持って話し、態度で示していくことが肝心です。

パート 6

チームづくりのルール

事例

1 自分と相容れない意見に対する態度が問題の看護主任

「自分を神様と思っているし、信じられない」

リーダーの志賀さんです。

「自分の意見は正しい。他の者の意見は間違っているという感じよね」

中堅看護師の目黒さんです。

「だからさ、佐々木さんとは関わりたくないよね。でもね、主任だしね」

認定看護師の菊野さんです。


スタッフの申し入れに応じて、看護師長の北山さんは数名のスタッフと個別面談をしました。「どうやら自分と相容れない者の意見を否定するときの態度に課題がありそうね」これが看護師長の北山さんが看護主任の佐々木さんに対して出した結論です。

正しく道理に適っていることが正当ですが、自分の意見が正当であるということと自分の意見を正当化することとは明らかに違います。

看護主任の役割は、専門職集団の管理です。専門職集団が組織化して管理機能別に分化します。例えば、看護師の集団が組織化すると、看護部を置かれます。管理の専門性からすると、概念的能力がより大きく要求される管理者が看護部長です。臨床実践や看護手技など専門能力がより大きく要求される管理者が、看護主任や看護係長ということになります。その中間に位置する管理者が看護師長です。

組織として正しいかどうかを判断する最終決定者は、看護部にあっては看護部長です。しかし日々の看護業務の一つひとつを、上司と部下の意見が食い違っているからといって、何もかも看護部長の決裁を受けていたのでは、師長や主任など管理監督者の存在は意義がなくなります。

そこで、スタッフは、リーダーに正しいとする根拠を明示する責務があります。部下にしても、反対意見とした根拠を挙げることなくして、反対のための反対を言い張っていたら組織は維持できません。

看護師長の北山さんは、看護部長に、看護基準および看護指示書の見直しを進言しました。看護指示書は、その都度、見直しと修正を行ってきましたが、看護基準を全面的に見直し、必要な改定を行うというものです。看護基準の改定は看護部長の責任、看護指示書は看護師長の責任となっていました。

「でもさ、佐々木さんの考えが正しいとなったら、佐々木女王様よね」

「そんなことにはならないと思うな」

正しいか正しくないかの議論を上司と部下の間で行うとなると、大概は命令権者である上司の考えが正しいという結論になるものです。これでは、正しい解決策ではありません。根拠を明確化することが解決のためのガイドラインです。根拠は、仲間うちだけで通じるものではなく、法律に抵触しないことが第一ですが、何よりも医学や看護学など科学的な視点に立った根拠が必要です。

看護部長は、看護基準および看護指示書の見直しを看護部全体で行うこととして、看護師長の北山さんを見直しプロジェクトのリーダーに指名しました。

早速、看護師長の北山さんは、他の師長と打ち合わせを行い、チームを編成しました。臨床実践や看護手技など専門業務を正しく行うためには根拠を明確にすることは当然ですが、それとともにＷＢＳが必要になります。ＷＢＳとは、Work Breakdown Structure（WBS業務分割図）です。ＷＢＳは階層別なレベルに応じて作成するものですが、役割分担、スケジュール表、予算構成などを明らかにする基礎チャートです。

ＷＢＳの最小単位業務がタスク(task)です。一個のタスクは一週間から数週間にして、余り細分化しないことが常です。

実際の業務ではＷＢＳを意識せずに業務を行うことが多いのですが、後々、必要になります。発生する問題を把握するためですし、何が正しいのかを判断したり道標に用いることになります。あるいは解決するための指標として活用することになります。

アクティビティ（Activity）は、業務の最小要素です。アクティビティは内容を示し、期間、費用、リソースの情報を含むものです。あるアクティビティを終えると、確認作業を経て、次のアクティビティに移ることになります。

実際の看護業務にあっては、正しいか正しくないかの指標が看護基準であり、看護指示書がWBSであり、日々の看護業務がアクティビティです。

看護基準および看護指示書は看護に必要なツールですから、不具合や時代に合致しなくなった箇所を見直しすることは必要です。しかし、看護基準および看護指示書の手直しだけでは、「自分の意見を正当化し、反対意見を聴く姿勢がない」にはさほど効果がないかも知れません。

看護師長の北山さんは看護部長に再度、看護基準および看護指示書の見直しとともに、あらたな進言をしました。判断事例集を作成したいという進言です。看護部長は、それはいいことだわ、と賛意を表しました。過去に起こった事案を再検証して、判断基準を明確にした看護業務判断事例集を作成することになりました。どのような指示をするのか、疑義があった時にはどのように対処するのかを明示しておくというものです。

看護師長の北山さんは、看護業務判断事例集の作成チームのチーフに看護主任の佐々木さんを就けることにして、リーダーの志賀さん、中堅看護師の目黒さん、認定看護師の菊野さんをチームメンバーにしました。

「佐々木さん、頼むわね。頼りにしているのよ」

事例

2

報告漏れがあるリーダーにどう「職場の情報の関係性」を教えるか

仕事の場のコミュニケーションでは、上司の命令を受けて、自分の部下に伝達する下方へのコミュニケーションおよび部下やメンバーから上がってくる報告を、更に自分の上司や上役へと報告する上方へのコミュニケーション、縦軸が基本です。

これに、部下同士、メンバー同士、あるいは他部門や他の係との連携のための横軸のコミュニケーションが加わります。

「ホウレンソウは、スタッフ同士の連絡と相談といったヨコのコミュニケーションだけではないのよ。指示や命令を受命し、途中の経緯と結果を伝える報告という縦のコミュニケーションがより重要よ」

田川さんはリーダーとして順調に成長しているものの、報告に漏れがあるのが惜しい。これが看護師長の富山さんの田川さんに対する評価です。

「縦軸のコミュニケーションが停滞すると組織活動は動脈硬化を起こしますからね。時々、報告が疎かになることがあるから心してね」

「分かりました。気をつけます」

「それでね。今日は、あなたに目標にしてほしいことをお願いしようと思ったのよ」

ナースの田川さんは身構えました。

「職場の報（ホウ）告、連（レン）絡、・相（ソウ）談は、どちらかと言えば公式コミュニケーションというのか、フォーマル・コミュニケーションよ」

「はい。気をつけます」

「違うのよ。それはそうだけれども、ホウレンソウが上下左右の隔たりなく行われることで、そこにいる人たちの互いの信頼関係が高まり、仕事の円滑化が図れるわ」

「そう思います」

「職場リーダーは部下やメンバーに仕事の中でのホウレンソウの大切さを話し、これを活発に行うように働きかけていく必要がありますからね。あなたはそろそろ看護主任よね。でね、インフォーマル・コミュニケーションについて、考えてほしいと思っています」

「インフォーマル・コミュニケーションですか。初めて耳にします」

「そう。ホウレンソウとは別に、職場の中にはインフォーマル・コミュニケーションがあります。これが時に職場の人間関係や仕事にしばしば影響を与えるだけに要注意なのよ。

インフォーマル・コミュニケーションとは、男性はこれを呑みニケーションなどと言いますが、仕事が終わった後、親しい仲間だけが居酒屋に集まり、その間で交わされる仕事のグチや上役に対する不満などよ」

「男性だけではありません。女性にも、私にもあります」

「そうね。私にもあるし、あなたぐらいのときはビアホールでね。まあね、部下の特権よね」

「それで、私にスタッフのインフォーマル・コミュニケーションを把握しなさいということですか」

「そんなんじゃあないわ。インフォーマル・コミュニケーションには仕事に対する改善点などが多くあるものよ。

インフォーマル・コミュニケーションは言わば月でしょ、それを陽気、日向にして、オープン・マインドな職場づくりをしてもらいたいと思っているのよ」

「分かりました。でも。私にできるでしょうか」

「あなたならできるわ。オープン・マインドな職場づくりという観点から、３つ程度に集約してね。それを下敷きにして、あなたに職場研修会の講師をお願いします」

「そんな。私がですか」

「そうよ。期待しているわね」


【オープン・マインドの職場づくりのための３つの視点】

①双方向（ツー・ウェイ）コミュニケーションを心がける

通常、コミュニケーションは言葉による対話がごく一般的です。対話は、リーダーが一方的にしゃべって相手から何の言葉も返ってこないのでは、真のコミュニケーション（伝達、意思疎通）とは言えません。

対人関係の場面では、ワン・ウェイ（一方通行）のコミュニケーションでは互いの関係は成り立たず、ツー・ウェイ（双方向）のやり取りがあって、初めてお互いの気持ちや考え方がつかめるのです。仕事の場では時に、リーダーとメンバーの立場の違いから、会話が一方的になることがあります。これは言葉を押し付けるだけで、対話にはなっていないので気をつけなくてはいけません。

対話の場面では、ツーウェイ・コミュニケーションが基本であることを心がけてください。

②相手の理解度を考える

人間の能力は同じではありません。こちらの言ったことを一度で正しく理解する人もいれば、同じことを二度、三度と言って初めて理解する人もいます。

このような時、リーダーが「何回言ったらわかるの」とイライラした態度を示せば、相手は萎縮し、聞きたいことも聞けず、双方の信頼感も築けません。

また、こちらがそのつもりで言ったことが、必ずしも相手に正しく伝わっているとは限りません。

こちらの意図したこととは違った受け止め方をしている場合が往々にしてあります。

言葉は不完全のものであると考えて、相手がどのように受け止め、理解したかを確認していく必要があります。

③相手に質問して積極的傾聴につとめる

双方向コミュニケーションを行うためには、自分が話したことをどう受け止めたのかを相手に質問していくことです。例えば、

「○○についてこう考えられますが、あなたならどう考えます」

「この件について自分はこのように思うのですが、あなたはどう思います」

といった具合です。

それに対し相手が言葉を返してきた時は、たとえ意見が異なっていても話をさえぎらず、最後まで相手の言うことに耳を傾けることです。

そのうえで「あなたの考えはこうですよね」と相手の話を確認してから、また相手に質問を投げかけていくのです。

このやり取りがあって、次第にお互いの考え方や思いが分かり理解を深めていくことができます。

「いいわね。下敷きどころか、これ、そのまま教材にしましょうよ」

事例3

重大問題に発展しかねない〝軽口〟防止は職場ぐるみで考えなければならない

「あなたは、大学に通っているんだってね。感心だね」
受け持ち看護師の金沢さんは、朝の検温で訪室した際に、患者様から声をかけられました。
「ねえねえ、同棲中なんでしょ。どんな男、いい男」
トイレ誘導時に、患者様から問いかけられて戸惑った看護師の関口さんでした。

金沢さんと関口さん、それから小川さんが、院内の食堂の同じテーブルで昼食をとっています。

金沢さんと関口さん、小川さん、いずれも病棟ナースです。お互いが観劇や映画など趣味の話をして、一段落したときに、関口さんが患者様から言われたことを打ち明けました。

「おかしいのよ。私のこと、どうして知ったんだろうか」

関口さんも患者様から言われたことを話しました。

「そうなの。実はね、私も、大学行っていることを言われてびっくりよ」

「それ、おかしいよ。誰かが軽口たたいたんじゃない。私たちナースの私生活のことや院外のことを患者様が知っているの、変だよ」

と小川さんです。

「そうよね。私が同棲中のこと、結構知られているからな。

でもさ、患者様には話していないよ」

「私、時々、休暇とって大学に通学しているから知っているのかな。自分からは話していない

もんな。他のナースの陰口ではなくて、私のことだから、まだ、いいんだけれど」

「そんなことないよ。話もしていない自分のことを言われたら嫌じゃん」

小川さんはそう言った後に、大きく頷いて、小声で2人に言いました。

「私から主任か師長に相談してみるか」

「いいけど、そうしたらさ、私たちが小川さんに告げ口をしたことになるでしょ」

「告げ口とはちがうけど、でも、そうね。それじゃあさ、2人とも、ケア記録に書いたら？」

「看護記録にそんなこと、書いてもいいかな」

金沢さんの自問気味な問いかけに、小川さんはきっぱりと言いました。

「ナースで口が軽いのがいるのよ。主任か師長に伝えるのは、患者様との会話なんだから記録

に書いて読んでもらったらいいよ」

病棟カンファレンスが開催されました。冒頭、師長の片岡さんが口火を切りました。

「ケア記録、看護記録ね。患者様との会話や対話はもれなく記録して下さい。今でも、書いて

いるナースはいますが、書いてないナースもいます」

関口さんは、私たちが書いたからかな、と思って聞いていました。

「バイタルは科学的な根拠です。患者様からの申し入れあるいは患者様との対話は全人的な根拠です。というよりも患者様の息吹や息遣いです」

ここで、師長の片岡さんは間を置きました。全体を見渡してから続けました。

「患者様のことだけではなく、私たち看護師や病院職員全ての人たちのこともそうですが、個人情報については、十分に留意してください。

個人情報だけではなく、機密は守らなければなりません。見聞きした事実を風評にしてはならないのも同じことです。風評とは噂です」

金沢さんは、そうか、こういう形で解決しようとしているんだな、と思いました。

「相手から聞いたことを相手の承諾なしに第三者に話すことは許されません。相手の話が個人に帰属する情報の場合は、個人情報保護法に抵触しますし、べらべらしゃべられたのでは話した当事者としてはたまったものではありません。

尾ひれがついた作り話がまことしやかに、しかも関係者に伝わるようでは機密を保持することはできません。この話、秘密にしておいてね、あなただけに話すのよ、絶対に他の人には言わないでね、こういうダメ押しは、他のものに伝わってもよいという意味合いも少なからずあるものですから、こういう意識もよくありません」

師長の話の後に、主任の鶴見さんが、個人情報保護に関連した留意点を話しました。

軽口立て（かるくちだて）は、職場ぐるみで考えなければならない事柄です。

軽口立てとは得意になって軽口を言うことです。看護管理者はむろんのこと、看護師にとっても軽口立てはタブーです。口が軽く、なんでもしゃべってしまうことを軽口（かるくち）と言います。

軽口には、軽い語調の滑稽めいて面白い話、軽妙な話などエスプリまがいの意味もありますが、エスプリとは異なります。

患者との対話では軽妙な話題も時には必要ですが、口が軽いと個人情報保護法に抵触するようなことになりかねません。前後のみさかいなく、何でもしゃべってしまう軽口立ては看護師のタブーです。嘘をつかない、騙さない、つくりばなしをしない、こうしたことは日々のタブーです。

どんなに看護行為が上手くても軽口立てをするようでは困りますし、残念です。残念なナースにはならないで下さい。

軽口立てを防止するための基本的心得は4つあります。

①約束したことを履行する

②事実をもとにして根拠を明示する

③人格、人権、自尊心を傷つけない

④患者と家族の視点で問題意識を持つ

軽口は「LOSE」を発生させます。LOSEとは必要なものを無くすことです。必要なものとは信用（CONFIDENCE）あるいは信頼（RELIANCE）です。信用や信頼がなくなると医療の職場を維持することができなくなります。

LOSEを発生させないために、こらからは、4つの視点で職場管理を徹底します。

①逸脱&脱法を許さない（Legality）
②組織的に対応する（Organization）
③科学的に実践する（Science）
④論より証拠（Evidence）

小川さんは、まずは、全体で共有することにしたのね、と思いました。

事例

4

ルールを守らない新人ナースの「たいしたことない」の思い違いを「えらいことになる」に変える方法

「あなた、どうして院内ルールを守らないの」

「だって面倒なことばっかりなんだもん」

リーダーの枚方さんは、新人ナースの門田さんに手を焼いています。リーダーの自分だけではなく、看護管理者やドクターに対しても友達言葉を使うことも気になっています。

さて、どうしたものか。

門田さんの考え方やものの見方を変えてもらわないといけない。

どうするか？

リーダーの枚方さんは、門田さんに意識変容を求めることにしました。面談に先立って、変容するところを洗い出すことにしました。

門田さんとだけ面談をするのは良くないかも知れないと考えて、同じ看護チームの全てのスタッフと面談することにしました。面談テーマは、ムリ、ムラ、ムダの三ムです。

スタッフ全員と面談した結果から、リーダーの枚方さんにはスタッフの意識が見えてきました。それは、４つに集約できました。

1つは、**「たいしたことはない」**と思っている。

2つは、**「なんとかなる」**と思っている。

3つは、**「よくある」**と考えている。

4つは、**「病院側の視点」**で考えている。


そうして、これを次のように変えさせることにしました。

1つ目の**「たいしたことはない」は、「えらいことになる」**という思いを実感させる。
2つ目の**「なんとかなる」は「なんともならない」**ということを体験させる。
3つ目の**「よくある」は「あってはならない」**という意識を持たせる。
4つ目の**「病院側の視点」は「社会の視点」**に変えさせる。

リーダーの枚方さんは、ちょうど、スタッフが4名だったことから、それぞれに課題として割り振ることにしました。

新人ナースの門田さんには、「たいしたことはない」は、「えらいことになる」という思いを実感させることです。

面談テーマとした三ムをどうするかです。

リーダーの枚方さんは看護主任の吹田さんに相談をしました。

「ムリ、ムラ、ムダは看護業務にとって不要な事柄である、ということを知らしめることかな」

「分かりました。考えてみます」

「そうね。でも、あれもこれもではまとまりがなくなるし、絞ったらどう?」

「絞る、ですか」

「そう。あなたが一番困っていることは何」

「そうですね。ムリとムダも気になりますが、やっぱりムラでしょうか」

「そうよ。看護業務には、ムラ(斑)は排除しなければならないじゃない」

「そうします」

「それでね、ムラはね、漢字で書くのよ、本当は」

「漢字ですか」

看護主任の吹田さんはメモに、『斑』と書きました。

「斑とは、本来は、色の濃淡や物の厚薄などがあって不揃いなことよ。物事が揃わないことや一様でないことがムラよ。参考にしてね」


リーダーの枚方さんは、スタッフカンファレンスを開きました。

スタッフに個別課題を割り振りました。

「次は、門田さんね。あなたには、『たいしたことはない』が、『えらいことになる』というのがテーマよ。後で、個別に話し合うからね」

個別課題の説明を終えた後に、リーダーの枚方さんが、それからね、少し、話を聞いてね、と言って話を続けました。

「受け止めてほしいことが2つあります。1つは、不安全行動については、その場で怒鳴り散らすことがあるわよ。2つは、いのちは待ったなしですから、全ての事柄に冷静になることはできないし、熱くなることもあるよということです」

「リーダー、熱いですね」

スタッフの年長者である石原さんです。

「そうよ。熱い想いよ。看護師の視点は患者の視点ではないという受け止め方をしましょうよ。それから、病院の常識は地域社会の非常識ということにならないようにしましょう」

「賛成です」

石原さんが賛意を述べました。

「私からも提案があるのですが。いいですか」

入職3年目の看護師の清田さんです。

「先ほどの私たちの個別課題ですが、実践するときに、患者様を支援者にしたらどうでしょうか。あるは、思い切って、患者様を評価者にするというのはどうですか」

清田さんは、患者中心の判断軸を組み込むことおよび患者様との双方向コミュニケーション体制づくり（Communication System）を提案しました。

「いいね。看護の質を診断するために、価値ある看護を提供（Customer Strategy）するためにあなたの提案、いただきよ」

清田さんが英語を使ったので、負けじというわけではないけれど、リーダーの枚方さんも英語を組み込みました。

パート 7

倫理のルール

事例

1 看護師としての倫理

「看護体験を通じて得た看護師としての倫理は4つあると思っているわ」

師長の今野さんが語り出しました。

「倫理ですか。普段、あんまり考えたことないですね」

リーダーの佐橋さんです。

「学校で看護倫理という科目がありました」

スタッフの志田さんです。

「そうなの。私が学生のときにもあったのかな」

「師長のときにもあったと思いますね」


師長は、リーダーとスタッフに話しました。健康の回復、苦痛の緩和、健康の保持増進および疾病の予防、4つの倫理です。

「4つを集約するとね、その人らしく生を全うするために看護師の業務があるということかな」

「そういえば、看護倫理研究会でまとめた看護師の役割は5つでした」

リーダーの佐橋さんです。

「そうだったわね。これでしょ」

師長は書棚からファイルを取り出しました。

①病状や情報を十分に患者がわかるように説明する
自己決定の権利を擁護するためです。

②情報を十分に理解し、受け入れられるように支援する
知り得た情報を患者が理解し、受け入れられるようにすることです。

③保健医療関係者へ働きかけを行い調整する
患者の意思表示をしやすい場づくりあるいは調整をするためです。

④患者の代弁者の役割を担う
看護師には必要に応じて代弁者の機能を果たす必要があります。

⑤自己決定できるように支援する
患者が知らないでいることを選択した場合に、できる限り事実と向き合ってもらいたいからです。

「看護倫理研究会で決めるときに、確か、フライだったかしら」
「看護協会の倫理要綱をベースとしましたが、参考にしたのはフライによる道徳的概念でした。看護倫理学者であるサラT. フライは、看護実践にとって重要な倫理原則として、予益と無加害、正義、自律、誠実及び忠誠の5つを挙げ、道徳的概念を4つ挙げています」

①アドボカシー

代弁者の役割としては患者の重要な訴えを積極的にサポートすることです。

②アカウンタビリティ

説明を含めた行為に対する責任とは、看護実践に対する個人的責任を果たすことです。自らの判断や行動について正当化し説明をするということです。

③協働性

協力的、積極的活動です。患者に対して質の高いケアを達成するということです。

④ケアリング

看護のあらゆる営みに付随する看護師と患者関係のあり方は、共感、関心、慈しみ、ストレスの軽減、安らぎ、保護の要素を含みます。

師長とリーダーの対話を聞きながら、志田さんは大学のゼミに思いを馳せていました。

「そういえば、先生から教わったことがあります。でも、覚えていません」

志田さんが所属していたゼミの教員は看護師のアドボカシーモデルを教示していました。

①権利擁護モデル

看護師は患者の人権擁護の仲裁役です。看護師は患者の権利を守る人です。看護師は患者の権利について患者に説明し、患者が権利について理解したことを確認し、患者の権利に侵害があった場合にはそれを報告し、患者が権利を主張してもさらにそれを侵害されそうなときはそれを防ぐ役割があります。

②価値による決定モデル

看護師は患者に決定や価値を強要することなく、患者の価値や信念に最も近い決定ができ、様々な医療の選択肢が持つ利点や欠点を患者が検討できるように援助します。看護師は、患者が自分の価値観や生活スタイルに沿って自分のニーズや関心ごとについて、選択あるいは話せるように助ける人です。

③人としての尊重モデル

患者は尊敬に値する一人の人間です。患者の福利について発言できる人が誰もいない場合は、看護師はできる限りの看護能力を駆使して、患者にとって最も良いと思われることを行う役割があります。

志田さんの思案気な顔をみつめながら師長は言いました。

「看護師は患者の人間としての価値を守る責任があるわね。患者を守ることが社会に対する看護師の責務よ。

志田さん、たまには、学校の教科書を見直してみるといいわよ。看護行為はできているのだから、これからは理論も身につけてね」

こっくりと頷く志田さんでした。

事例

2 してはいけないことがある

「攻撃よりも防御ね。防御の姿勢は大切よ。あなたの良さでもあるのだけれども攻撃的なところがあるでしょ」

師長の重田さんは男性看護師の角田さんに諭すように言いました。

「私は、攻撃ではなく、積極性だと思っています」

「そうか。でもね、してはいけないことはしてはならないということがあるでしょう。不作為ということも理解してよ」

「やっていいこととやってはいけないことですか」

ことさらに手を加えることが作為です。看護師には作為してはならないことがあります。不作為は、あえて積極的な行動をしないことです。不作為でいなければならないことは不作為を保たなければならないのです。医師でない者は医療行為ができません。免許がない者はしてはならないことがあります。その一方で、しなければならないことはしなければならないのです。作為する責務がある事項は作為しなければならないのです。不作為は許されません。医師が嫌いな者の診療を拒否することなどがそれです。

「してはいけないことはしてはならない。しなければないことはしなければならない。そういうことですか。でも、当たり前のことですよね」

「そうね。この2つには共通することがあるのよ。それは、エビデンスつまり根拠です」

根拠に基づく医療のことをEBM、根拠に基づく看護のことをEBNと言います。主として科学的あるいは理論的な裏づけを持った医療あるいは看護を実践することですが、科学的あるいは理論的な根拠だけが根拠ではありません。根拠は6つあります。法的根拠、科学的根拠、組織的根拠、倫理的根拠、全人的根拠、慣習的根拠です。

職場における性的な言動に起因する問題に関する雇用管理上の措置（男女雇用機会均等法第11条）がセクシャル・ハラスメント（sexual harassment）です。つきまといやストーカー行為は典型的なセクシャル・ハラスメントです。パワー・ハラスメントは、職務上の地位や影響力に基づき、相手の人格や尊厳を侵害する言動を行うことにより、その人や周囲の人に身体的、精神的な苦痛を与え、その就業環境を悪化させること（財団法人21世紀職業財団）です。harassとは人を困らせる、悩ませ、イライラさせることを言います。

嫌がらせをハラスメントという場合もありますが、そもそもはオフェンス（offense）のことです。オフェンスというとスポーツにおける攻撃側のことあるいは攻撃法を思い浮かべる人もいるでしょうが、オフェンスとは、法律上あるいは慣習上の罪、違反、反則です。無礼、侮辱、嫌がらせなどもオフェンスです。

「医療の現場に限ったことではありませんが、セクシャル・ハラスメントやパワー・ハラスメントを排除しなければならないでしょう。EBMあるいはEBNを推進していくためには、セクシャル・ハラスメントやパワー・ハラスメントを排除するだけでは十分とは言えないのよ。オフェンスを発生させてはいけないわ」

師長の重田さんは、いい機会かも知れない、と言ってボードに、『法的根拠に基づかない』と書きました。

「法に基づかない行為は認めてはならない。これを、リーガル・オフェンスと言います。法律に抵触する事項を強要する行為ね」

「分かります」

それから、ボードに、『科学的根拠に基づかない』と書きました。

「科学的理論に基づかない処置や行為は許されない。これを、サイエンス&セオリー・オフェンスと言います。科学あるいは理論に抵触する事項を強要する行為よ」

「なるほど」

そして、『組織的根拠に基づかない』と追記して、これ、分かるわよね、と角田さんに問いかけました。

「組織として定めたルールに基づかない行為はしてはならないということですか」

「そうです。オーガニゼーション・オフェンスと言うのよ。組織的な定めに抵触する事項を強要する行為ね。院内規則、就業規則、看護基準などに抵触する行為ね。職務権限がない行為あるいは権限外行為として就業環境を悪化させるものはパワー・ハラスメントになるのよ」

角田さんは大きく頷きました。

「あなたに気をつけてほしいことは、これね」

看護部長は、ボードに、『倫理的根拠』、『全人的根拠』とゆっくりと書きました。

「倫理的根拠に基づかないことはしてはならないわ。医道あるいは人倫の道を踏み外した行為は現に戒めなければならないということね。これを、モラル・オフェンスと言い、典型はモラル・ハラスメントよ。それと、全人的根拠に基づかないことも駄目ね。基本的人権を侵す行為、人間性を否定する行為および自尊心を傷つける行為を発生させてはならないということよ。これを、ヒューマン・ライツ・オフェンスと言います。男だからとか女のくせになどジェンダー・ハラスメントはこの範疇よ、典型はセクシャル・ハラスメントね」

角田さんは何かを思い起こしたのか、天井を少しみてから二度ほど頷きました。

師長の重田さんは、ボードに、『慣習的根拠に基づかない』と書いてから、角田さんに語り掛けるような口調で言いました。

「その地域で長いこと培われてきた慣行や慣習を無視する行為もタブーね。カスタム・オフェンスと言うのね。輸血を拒否する、一定の時間にお祈りするなど宗教的理由による行為を否定して強要する行為、あるわよね。結構、神経を使うものよ」

重田さんは、角田さんに、握手を求めて言いました。

「握手を求めるのはよくないのよ」

事例

3 リーガル・オフェンス

リーガル（legal）とは法律に関することを言います。NON-LEGALとは法律に準拠しないこと、つまり、リーガル・オフェンスです。法律事実という視点があります。法律要件を構成する個々の事実のことです。意思表示、時の経過、人の生死などが該当します。

「私たち国家資格を持つ者は法律で守られているのだから、法律を守らないといけない」

院長の久世さんの訓示です。

「そうはいうものの、医学は専門でも法律は弁護士任せにしてきたからね。それでね、院内で勉強会をすることにしようと思う。せめて、医師法、病院法、保健師助産師看護師法、個人情報保護法などは一通り弁護士の先生に講義してもらうことにしたよ」

看護部長の飯田さんが、院長に声をかけました。

「看護師には、勤務制や時間外勤務など法律に関わる制度があります。働き方変革などと言われていますから、働く者を対象にした法律、労働基準法、健康保険法、労災保険法なども講座に含めてほしいのですが」

「そうだな。法律に違反するようでは、働きがい改革どころではないからね」

リーガル・オフェンスで最も重要なことは、医療関係者の多くは要免許資格の業務に就いているという事実です。免許がなければできない業務があるということです。保健師助産師看護師法の看護師に関する規定には、「療養の世話、診療の補助」です。診療行為は単独ではできないということを明示しています。医師の指示がないと診療の補助はできないということです。

しかし、医師の配下に看護師が配置されているということではありません。医師の配下が看護師であるという間違った認識をしている医師はもはやいないでしょうが、配下ではないとしても看護師は医師の指示に従うことが当然という意識の医師は少なからずいることでしょう。


「院長がリーガル・オフェンスのことを訓示しましたが、私からは、サイエンス&セオリー・オフェンスについて話します」

看護部の全体会議の冒頭に看護部長が口火を切りました。

医療関係者に限ったことではありませんが、看護師には最新の技術、最新の理論を学び、看護実践に活用しなければならない責務があります。最新の技術、最新の理論であっても学会などで公式に認められたものでなければならないのですが。

看護部長は更に続けました。

科学とは、体系的であり、経験的に実証可能な知識です。自然科学が科学の典型とされることがありますが、社会科学、心理学、言語学などの人間科学も科学です。スピリチュアルなことも臨床心理もコミュニケーション学も科学です。

看護師は療養のための世話が主要な業務ですが、看護業務はチームで対応しますから行動科学も必須、しかも習得する対象です。

看護部長が一段落したところで看護副部長の秋田さんが引き取りました。

「看護部では院内看護学会を設置することにしました」

師長会の提言がありました、看護部長が院長に了解を得ました、と述べて続けました。

個々の事実や認識を統一的に説明することのできる普遍性を持つ体系的な知識を理論と言います。専門職であり続けるとしたら、少なくとも専門に関する学会に加入し、少なくとも1冊は月刊の専門誌を購読したいものです。

「看護師には、理論を学び、技術を磨き、そして謙虚に自省することが求められています。理論を学び、技術を磨き、そして謙虚に自省することなしに、働きがいを感じることはできないと思います」

そうね、看護師には学びありきね、いや、学びなくして看護師ではないわね。看護部長が腰を浮かせつつ言いました。

「院内看護学会は今秋開催したいと思います。看護系大学のバックアップを受けて論文審査も行います。具体的なことはプロジェクトチームを設置して、そこで、草案を作ってもらいます。皆さん、いかがですか」

教育担当師長が、いいですね、というと拍手をしました。一人、二人と拍手が続き、大概のものが拍手をしました。拍手が鳴りやんだころに一人が立ち上がりました。

「ぜひ、院内学会を開催して下さい。少し、提案があります。いいですか」

認定看護師の資格を持つ井村さんが、看護副部長の秋田さんに向かって発言しました。

「いいわよ。どうぞ」

「ありがとうございます。学会のテーマですが、職能団体や大学の研究室とは違いますから、看護行為に関するものにしてもらいたいのですが」

看護副部長は後ろに座っていた看護部長を振り返りました。

看護部長は、そうかもね、といって立ち上がりました。

「井村さん、良いこと言うわね。確かに、院内の看護部のことだからね」

「看護部長、ありがとうございます。お願いします」

「立ち上げるプロジェクトチームで良く検討してもらいましょう」

看護部長には考えていることがありました。それは、看護系大学の学部長と事前に話していたことがあったからです。それは、院内看護学会の発表を評価しようというものです。該当者の大学院あるいは大学への編入試験の素材として活用するというものでした。そのために、大学側の評価に耐え得るような研究品質を求めたいと考えていたのです。

「そうだよね。看護行為よね。院内看護学会は誰のための学会かというと、看護師のためではあるのだけれども、患者様に役立つことが真の目的よね」

知的レベルを向上させる、論文の品質を高める、いずれも学びとして求めるものですが、看護行為の質を維持すること、質の向上を蔑ろにすることはできません。

さて、プロジェクトチームの出す仕組みはどうなるのでしょうか。

事例

4

モラル・ハラスメント

「コンプライアンス違反とか、コンプライアンスに抵触するとか、このところ、コンプライアンス、コンプライアンス、コンプライアンスばっかり」

「そうよね。看護師の倫理とか、ナースのモラルとかとも言うでしょ。なんかなあ……」

モラル（moral）とは道徳、倫理のことです。看護倫理あるいは医療倫理などコンプライアンスの中核的な概念がモラルです。コンプライアンスは、遵法と道徳を両輪とする組織に求められている管理概念です。遵法とは法律を遵守することです。医師法や保助看法など業務に関わる法律全てに違反してはならないということです。道徳は、人倫のみち、道徳の規範となる原理です。看護師である前に人間としての言動が求められているのです。

病院倫理規定さらには看護倫理規定などに抵触する行為はモラル・ハラスメント（モラハラ）の典型ですが、倫理規定に抵触しない場合であってもモラハラが生じます。それは、人倫の道を外れた言動を強いられることがあるからです。

モラハラは外見からは強いられているようには見えにくいものが多いのです。モラハラがあったとして訴えがある事例の多くは、静かに、じわじわと、そして陰湿に行われる精神的ないじめ、あるいは嫌がらせです。周りからは些細なことのように見えても行為が繰り返し行われることで、本人には想像以上の精神的苦痛をもたらすというものです。

「主任、私のこと、無視をするのよ」
「あなた、あの人の弱みでもなにか握ってんじゃないの」
「そんなこと、あるわけないじゃない」

蔑ろにされることはモラハラに通じます。蔑ろには2つのことがあります。1つは、存在が無視されること、2つは、価値を認めないことです。

「わたし、カンファレンスに呼ばれていないのね。楽でいいけどね。でも、なんかな」

存在自体が無視されること、会議やカンファレンスに参加者として指名されないなどというものです。モラハラは管理者が行うものとは言い切れません。看護基準を無視するとか命令を無視するなどというのはスタッフが管理者に行うモラハラです。

「私がしたことを認めてくれないのよね。おかしいでしょ」

価値を認めない、成し遂げた成果を評価しない、貢献を認めない、ということですと、やる気を持続するのは難しいでしょう。「あなたの仕事は評価するに値しない」と言わんばかりの対応はモラハラそのものです。他者に比べて評価が低いなどというのも管理者の恣意性ゆえの結果であるとするとモラハラです。

「あの人、時々、咳払いをするのよ。なんか嫌なのね。年寄りみたい」

「そうなの、私には溜息よ」

「何か悪いことしたの、いや、してないのにね」

　ことあるごとに咳払いをされていると、最初のうちは何とも思わなかったことが、そのうちに気になりだしてくるものです。やがて、精神的な苦痛を感じるようになります。咳払いに似たモラハラ行為に溜息をつくというものもあります。失望や心配したときに長くつく息です。意識して溜息をついてばかりいるとやがて精神的な苦痛につながっていくことがあります。


「見下すしぐさをするのよ。偉そうに」

　見下し仕草、見下した態度をされると普通の人なら不愉快な思いをするし、不快な気分になるものです。

「どんなことをされるの」

「うん。ボールペンの先を顔に向ける、手で追い払う格好をする、腕を組んだまま顎をしゃくるなどかな」

「嫌だあ、ひどいね」

　見下し行為をするにはするだけの謂れがあるものです。見下しているからです。名前の呼び方ひとつでも見下すことがあります。職場の多くの同僚には「…さん」と呼び、特定の者には名前を呼び捨てにするなどというのも見下しです。

「なんだか、否定されているみたいなの」

「否定されているのよ」

価値などを認めないことが否定です。時に否定されることはあり得ることですが、度が過ぎる場合は困りものです。

「ハロー効果って知ってる？」

「知らない」

ハロー（HALO）は光輪です。キリスト教芸術において、聖人が頭の周囲に描いた輪の光です。ハロー効果（halo effect）は、一つの面で優れていると、その人が他の面でも優れているとみなす傾向があるというものです。仏像が背中に光の輪を抱いているとより神々しく見えるところから光背効果とも言います。

職場でハロー効果とは、反対のことが起こることがあります。一つでも気に食わないことがあり、そのことが琴線に触れていると全人格を否定しかねないというものです。人間は欠点の一つどころか多くの欠点があるものです。何をしても、何を言っても聞いてもらえない、管理者から人間性を否定されてばかりでは、自分の感覚に自信が持てなくなるものです。

事例

5 セクシャル・ハラスメント

「男性の看護師ではなくて、女性の看護師にして下さい」

女性の患者様から申し入れがありました。

「男性ではなくて女性に担当してほしい」

男性の患者様からです。


病棟師長の岡田さんは、カンファレンスを開きました。

「女性には女性看護師、男性には女性看護師というのはおかしいわ」

リーダーの大槻さんです。

「わがままなのよ」

もう一人のリーダー工藤さんです。

「俺の仕事がなくなる」

男性看護師の菊池さんです。

「男のドクターがいいとか、女のドクターにしてとかはないんだから、職業差別ですよ」

スタッフの山田さんです。

師長の岡田さんは、みんなの言うことは最もなことだと思いつつも、そう簡単なことではないと考えています。

「そうね。でもね、菊池さんが受持ちだとするでしょう。何もしていないのに、セクハラされたと言われたら、嫌よね」

「もちろんです。でも、俺、セクハラしないし」

「そうなんだけど、難しいのよね。セクハラの範囲がね。何がセクハラになるのかよね」

師長の岡田さんの問いかけをきっかけにセクハラに対する話し合いの様相を呈してきました。

「今日は、これくらいにしましょう。それでね、看護協会にお願いしてセクハラに関する勉強会をすることにしましょう」

師長の岡田さんの発言があって、カンファレンスのテーマが変わりました。


セクハラ防止勉強会が開催されました。

『harassment —Offense 行為の例示』

講師が配布した教材の表紙の記載です。

「ハラスメント行為に悩んでいるのは患者様だけではありません。スタッフも患者様からハラスメントを受けて悩んでいます。それだけではありません。管理者やリーダーの何気ない行為にもセクハラを感じています」

講師のファーストレクチャーです。

「そんな、リーダーの大槻さんが思わず声をあげました。

講師は、大槻さんに微笑みを向けながら、そうですよね、セクハラと思ってしている人はほとんどいませんが、……でも、ですね」

講師は、講義を始めました。

セクシュアル・ハラスメント（セクハラ）には、性的な関心や欲求に基づくものと性別により差別しようとする意識などに基づくものがあります。これは男女差別を禁止している男女雇用機会均等法に抵触します。採用、処遇、配置、教育、懲戒、退職、解雇など男女で異なる取り扱いをする場合が該当します。

性的な関心や欲求に基づくものは、ジェンダー（gender）と言われている領域です。性的な内容の発言、性的な行動が該当します。ジェンダーとは、生物学的な性別を示すことに対して、社会的・文化的に形成される性別に関わる全てのことです。

講師は、例えばと言って、スクリーンに教材を投影して、説明をしました。

【性的な内容の発言】

①性的な事実関係を尋ねる……性欲に関することなどを尋ねることも該当します。

②意図的に性的な情報を流布すること……意図とは、思惑があってすることです。性的な情報

を診療や看護のためではなく性的な興味や思惑から流布することがセクハラです
③性的な冗談やからかい……身体的特徴や美醜などを口にすることもセクハラです。
④食事やデートへの執拗な誘い……ストーカー行為とまではいかなくても執拗に誘うことはセクハラです。
⑤個人的な性的体験談を話す……性的体験談を話す目的は相手の反応に興味があるからです。性的体験談は相手の人格をも傷つけることになります。
⑥人格を認めないような発言……男のくせになどというのが該当します。男の子や女の子という呼称も好ましくありません。

【性的な行動】

①性的な関係を強要……風俗系のホテルに誘うなどは性的な関係を強要していることは明らかです。
②身体へ必要なく接触すること……握手を求めることがありますが、本場のイギリスのマナーでは貴偉訪女の決まりがあります。貴族から、偉人から、訪問した者から、女性からです。男性から女性に握手を求めるのはマナー違反ですし、不必要に接触することになりますからセクハラです。
③わいせつ図画（ヌードポスター）を配布・掲示すること……配付や掲示、郵送することも該当しますし、ネットで配信することも、メールで送信することも含まれます。

④強制わいせつ行為、強姦……猥褻（わいせつ）は、男女の性に関する事柄を健全な社会風俗に反する態度、方法で取り扱うことです。性的にいやらしく、みだらなことです。猥褻罪は、公然と猥褻な行為をする罪です。強姦は、無理やり女性と交わることです。

セクハラは、男女雇用機会均等法で定めている性的差別です。男性から女性への嫌がらせだけではなく、女性から男性へのセクハラも禁止対象です。看護師が患者様に対してセクハラをしたなどということになったら「残念なナース」どころではありません。

【巻末・会話ヒント集】

残念なナースの心に響く言葉の心理術。

●【一緒に働きたくない】

「誰々とは組まない」などというのはわがままそのものですが、目くじらを立てて、その同僚や部下をすぐに呼びつけるなど先走らないことです。

「あなたが一緒に働きたい人は誰なの？」

●【その仕事したくない】

理由はおおよそ見当がつきます。知識がある程度あっても手技が身についていないからです。怖いのです。

「どんな仕事だったらしたいの？」

●【特定の人とつるむ】

相性というものがありますから好き嫌いを感じるのはいたしかたないことです。しかし、看護業務に本気になることができれば特定の者とつるむことはありません。

「好きな人と仕事をしていいわよ」

●【上司に告げ口をする】

やらなくてもいいコミュニケーション、悪いコミュニケーションには2つほどあります。ご注進、陰口、告げ口のコミュニケーション、大事なことを伝えないホウレンソウゼロコミュニケーションです。

「ホウレンソウは必要よ」

●【患者様の診察の順番を替える】

チーム医療は、医師を司令塔にそれぞれの専門職が役割を持って診療、治療そして看護を担っています。患者様のための仕組みがチーム医療です。

「患者様も病院を変えるわよ」

●【コミュニケーションをとろうとしない】

部門間で組織的な連携をしようとしても依頼の仕方、依頼時の対応、結果の連絡それぞれにツールがないからかも知れません。

「事実を伝えてくれる」

●【ナースコールは、先輩が対応するものと決めつけている（出ようとしない）】

「ナースコールは基本中の基本よ」

ナースコールは患者と看護師を結ぶいのちの絆です。ナースコールになぜ出ないのかを問題にするのではなくて、ナースコールに対応する準備をさせることです。

●【医師の指示どおりにしか仕事をしない】

「まずは療養上の世話ね」

医療的行為は医師の指示なくして行うことができませんが、看護業務に関することは看護部門の約束が優先します。

●【看護補助者に任せきりにする】

補助者は自分の仕事を補助してくれています。看護師と看護補助者は協同して看護業務に当たっています。

「看護師には下請けに出すという意識があってはならないのよ」

●【気分にムラがありすぎる】

気分次第で仕事をしないこともあるものです。人生さまざまな出来事にぶつかるものです。気分の振幅が大きくなるときもあるものです。

「泣きたいときも笑いたいときもあるよね」

●**【受け持ち業務以外は無関心】**

受け持ち業務が期待どおりにできていないとしたら他に関心を持たせる段階ではありません。受け持ち業務ができているならネクスト・ステージへの挑戦を促すことです。

「関心がないのは、情報やデータがないからなの？」

●**【ＯＪＴが上手くできない】**

入職１年目のスタッフを教えきれないと訴えてきました。たぶん、面倒くさいのです。でも、教えるだけのスキルがないのかもしれません。

「覚え方は人それぞれ、教え方もあなた流でいいよ」

●【仕事のペースが遅い】

何をやるにも人の倍以上の時間がかかります。慎重なのか、自信がないのか、やる気がないわけではありませんが。

「なぜ時間がかかると思いますか」

●【それでも管理者なの】

言うべきことをはっきり言わないし、人事異動も事前に得意げに話すし、患者様の秘密も漏らしてしまう、訪室しない。これでは駄目ですね。

「言わない、守れない、行かない、三ない管理者は駄目ね」

● **【口答えばっかり】**

口答えするのは関わりたいという意欲がある証明です。口答えと感じたときは，切り返しです。口答えを口応えで返してみましょう。

「なるほど、そうね。では、あなただったらどうする」

● **【物覚えが悪い】**

物覚えの悪いナースは、物覚え速いナースに見劣りするものです。でも、全てに物覚えが悪いナースはそういません。得意なことを見い出せないだけです。

「気がついたことを思うとおりに話してごらん」

●【思ったとおりに育成できない】

育成が上手くできないでいます。育てるためには、なんでもかんでも知らなければならないと思い込んではいませんか。

「教育より共育よ。一緒に学んでいけばいいよ」

●【（部下が）自分の考えを言わない】

言わないのか、言えないのか、見極めることです。それにどのタイミングで意見を求めたのか、意見を求める必要があったのかです。

「意見を求めるときはきちんと対話できる環境づくりね」

●**【宗教入信を勧めてくる】**

人間には信仰の自由があります。どの信仰を得るかも自由です。信仰を持たないことの自由もあります。信仰を持たないことも人間に与えられた権利です。

「強要しないでね。信仰はその人の心そのものよ」

●**【休憩室で喫煙している】**

禁煙が制度化されていても内緒で喫煙するナースがいます。昼間は院外のわずかな隙間で喫煙しているものの夜勤になると宿直室で喫煙するというケースです。

「指先にも、髪の毛にも臭いが残っているわよ」

●【家族が金品を差し出す】

便宜を図ったのだからお礼をしてもらって当然というナースがいるとしたら極めて恥ずかしい病院です。お礼をしたいという患者や家族はいるし、お礼の気持ちを金品にすることがあるかもしれません。

「お礼を気持ちで受け取り感謝しましょう」

●【スタッフステーションでお菓子を食べている】

患者様の家族から訴えがありました。家族にしてみると、病気を治してもらいたい一心で入院を許諾しました。たかがケーキ、ビスケット、キャンディというわけにはなりません。

「口寂しくなるけれど、場所を考えようね」

●【医師や同僚の陰口を患者に話す】

聞くに堪えないから何とかしてください。患者様の訴えです。患者様と親密になりすぎてしまい、立場をわきまえずに言ってはいけないことを言ってしまう構図です。

「乗せられて話さないことね」

●【どうしても好きになれない管理者がいる】

何気に一言話したことを大きく、大げさにしてしまうので、どう対応したら良いか分かりません。自分自身の言動にも課題があるかも知れません。

「言葉にする前に、〝今、ここで話すことかな？〟とひと呼吸おいてみよう」

葛田一雄（くずた・かずお）
神奈川県逗子市生まれ。(株)ケイツーマネジメント代表、学校法人三橋学園理事。数多くの企業、病院、介護施設等の職場風土改革の企画立案、コンプライアンス実践に携わる。明治大学、青森公立大学、横浜市立大学等で講師を務める。国立公衆衛生院管理保健師講師、看護協会認定看護管理者教育講師、病院協会コンプライアンス講座講師を担当する。
主な著書に、『介護主任・リーダーのための「教える技術」』『困った看護師を一人前にするコミュニケーション術』(以上、小社刊)、『役員力』(経団連出版)、『吉夢二十二物語』(筒井書房)などがある。

残念(ざんねん)なナースが職場(しょくば)のリーダーに変(か)わる
「魔法(まほう)の会話術(かいわじゅつ)」

2017年4月10日　初版発行

著者　葛田一雄
発行者　常塚嘉明
発行所　株式会社 ぱる出版

〒160-0011　東京都新宿区若葉1-9-16
03(3353)2835―代表　03(3353)2826―FAX
03(3353)3679―編集
振替　東京 00100-3-131586
印刷・製本　中央精版印刷(株)

ISBN978-4-8272-1052-1　C0034